Uwe Flick

Triangulation

Eine Einführung

3., aktualisierte Auflage

VS VERLAG

Bibliografische Information der Deutschen Nationalbibliothek
Die Deutsche Nationalbibliothek verzeichnet diese Publikation in der Deutschen Nationalbibliografie; detaillierte bibliografische Daten sind im Internet über <http://dnb.d-nb.de> abrufbar.

3., aktualisierte Auflage 2011

Lektorat: Frank Engelhardt | Cori Mackrodt

VS Verlag für Sozialwissenschaften ist eine Marke von Springer Fachmedien.
Springer Fachmedien ist Teil der Fachverlagsgruppe Springer Science+Business Media.
www.vs-verlag.de

Umschlaggestaltung: KünkelLopka Medienentwicklung, Heidelberg
Druck und buchbinderische Verarbeitung: Ten Brink, Meppel
Gedruckt auf säurefreiem und chlorfrei gebleichtem Papier
Printed in the Netherlands

ISBN 978-3-531-18125-7

Vorwort zur 3. Auflage

Die Kombination unterschiedlicher Zugänge zu den Gegenständen empirischer Forschung hat in letzter Zeit verstärkt Konjunktur. Dafür gibt es unterschiedliche Gründe:

Viele Lebenssituationen sind zu komplex geworden, als dass man sie noch mit einem methodischen Zugang verstehen und analysieren könnte. In vielen Bereichen ist die Mehrperspektivität zum programmatischen Thema geworden – die Sicht des Patienten soll in immer mehr Bereichen des Gesundheitswesens neben der professionellen Sicht berücksichtigt werden. Wenn man das Funktionieren von Institutionen in diesem Bereich verstehen will, werden die Erfahrungsweisen der Professionellen ebenso wichtig wie die quantifizierende Analyse von Outcomes und Effekten.

Gleichzeitig entwickelt die Kombination von methodischen Zugängen einen besonderen Reiz als Thema im professionellen Diskurs der Sozialwissenschaften. Bei der Faszination, die das Thema „Mixed Methods“ als Kombination von qualitativen und quantitativen Methoden auf viele dabei ausübt, sollte Verschiedenes nicht vergessen werden: Es können auch andere Methodenkombinationen als die aus qualitativen und quantitativen Methoden sinnvoll sein – etwa die gezielte Verbindung verschiedener qualitativer Methoden. Die Kombination von Forschungszugängen ist in vielen Fällen komplexer als die eher pragmatische Diskussion im „Mixed Methods“ Diskurs vermuten lässt.

In diesen Zusammenhängen ist die seit nunmehr über vierzig Jahren geführte Diskussion über die Triangulation in der sozialwissenschaftlichen Forschung aktueller denn je. In diese Diskussion und in die entsprechende Forschungspraxis einzuführen, war und ist das Ziel des vorliegenden Buches. Seit dem Erscheinen seiner ersten Auflage hat sich die Diskussion und Forschungspraxis weiterentwickelt. Dem will die vorliegende dritte Auflage in verschiedener Weise Rechnung tragen:

- Im Vergleich zu den ersten beiden Auflagen sind noch einmal neue Beispiele der praktischen Umsetzung aufgenommen.
- Die Literatur wurde soweit wie möglich durchgängig aktualisiert.
- Die aktuelle Diskussion zu Mixed Methods wird stärker berücksichtigt und in Bezug zu Triangulation gesetzt.
- Schließlich finden sich nach jedem Kapitel zu den jeweiligen Themen kommentierte Hinweise für eine weiterführende Lektüre.

Damit will das Buch dazu beitragen, dass die Verwendung der Triangulation in ihren Stärken und Grenzen transparenter wird und bei ihrer Umsetzung unterstützen.

Berlin, Januar 2011

Inhalt

1. Einleitung

Triangulation in der qualitativen Forschung – ein Stichwort, das immer wieder gerne aufgegriffen wird, mit dem verschiedene Zielsetzungen, teilweise auch Mythen und Vorbehalte verknüpft sind. So wird es häufig im Zusammenhang mit der aktuellen Diskussion um die Qualität qualitativer Forschung, aber auch im Kontext der Verknüpfung von qualitativer und quantitativer Forschung diskutiert. Im Wesentlichen wird die Diskussion um die Triangulation in der qualitativen Forschung seit den 1970er Jahren geführt, seitdem Norman Denzin (1970) dazu eine systematische Konzeptualisierung vorgelegt hat. Blickt man jedoch etwas weiter in die Geschichte der qualitativen Forschung zurück, wird man feststellen, dass viele der heute als Klassiker unter den Studien qualitativer Forschung geltenden Untersuchungen zwar nicht mit dem Begriff der Triangulation gearbeitet haben, jedoch nach den heute damit verbundenen Prinzipien und Arbeitsweisen (die hier ausführlicher behandelt werden sollen) vorgegangen sind. Man wird dabei auch finden, dass solche Vorgehensweisen im Sinne der Triangulation eigentlich ein Kennzeichen der qualitativen Forschung (auch unter Einschluss quantitativer Methoden) darstellen. Dies soll kurz an einigen Beispielen verdeutlicht werden.

Die Studie „Die Arbeitslosen von Marienthal" von Marie Jahoda, Paul Lazarsfeld und Hans Zeisel (1933) gilt als eine klassische Studie der qualitativen Forschung (vgl. hierzu auch Jahoda 1995; Fleck 2004). Hier wurde die psychische Verarbeitung der Arbeitslosigkeit in einem Dorf in den späten 1920er Jahren nach dem Zusammenbruch des Hauptarbeitgebers der Bewohner untersucht. Ergebnis ist die Herausarbeitung der Leitformel einer „müden Gemeinschaft" als verdichtete Charakterisierung des Lebensgefühls und der alltäglichen Handlungsabläufe in dem Dorf sowie verschiedener Haltungstypen als Reaktion auf die Arbeitslosigkeit (z.B. die „Ungebrochenen", die „Resignierten", die „Verzweifelten" und die „Apathischen"). Das methodische Vorgehen, das zu diesen Erkenntnissen geführt hat, wird von Jahoda (1995: 121) in folgenden Regeln zusammengefasst:

- Zur Erfassung der sozialen Wirklichkeit sind qualitative und quantitative Methoden angezeigt.
- Objektive Tatbestände und subjektive Einstellungen sollen erhoben werden.
- Gegenwärtige Beobachtungen sollen durch historisches Material ergänzt werden.

- Unauffällige Beobachtungen des spontanen Lebens und direkte, geplante Befragungen sollen angewendet werden.

In diesen Prinzipien zeigt sich die Verknüpfung einerseits unterschiedlicher methodischer Zugänge (qualitativ, quantitativ, Befragung und Beobachtung), andererseits verschiedener methodischer Perspektive (objektive Tatbestände, subjektive Einstellungen, Gegenwärtiges und Historisches). In der Beschreibung der Studie selbst (Jahoda et al. 1933/1980 S. 26-27) werden als erhobene Daten u.a. angeführt: Katasterblätter über knapp 500 Familien, Lebensgeschichten, Zeitverwendungsbögen, Protokolle, Schulaufsätze, unterschiedliche statistische Daten, historische Angaben zum Dorf und seinen Institutionen etc.[1]. Entsprechend hat Lazarsfeld (1960: 14) in Bezug auf diese Studie zumindest die Verknüpfung qualitativer und quantitativer Daten und Vorgehensweisen zum Prinzip erhoben:

> Wir konnten uns nicht damit begnügen, Verhaltenseinheiten einfach zu ‚zählen'; unser Ehrgeiz war es, komplexe Erlebniswelten empirisch zu erfassen. Der oft behauptete Widerspruch zwischen ‚Statistik' und phänomenologischer Reichhaltigkeit war sozusagen von Anbeginn unser Arbeiten ‚aufgehoben', weil gerade die Synthese der beiden Ansatzpunkte uns als die eigentliche Aufgabe erschien.

Für die Analyse wurden nach Lazarsfeld (1960: 15) „drei Paare von Daten" herangezogen: „Natürliche Quellen" (Bibliotheksstatistiken) und Daten, die zu Forschungszwecken (Zeitverwendungsblätter) erhoben wurden; „Objektive Indikatoren" (z.B. Gesundheitsstatistiken) und „subjektive Äußerungen" (Interviews); sowie „Statistik und einfühlende Beschreibung von Einzelfällen".

Ein frühes Beispiel für die Triangulation verbaler und visueller Daten ist die Studie von Gregory Bateson und Margaret Mead (1942, vgl. auch Wolff 1995). Das Besondere ist dabei einerseits der empirische Zugang über die Erstellung und Analyse von (über 25000) Fotos, von Unmengen von Filmmaterial, Gemälden und Plastiken einerseits und die Verwendung ethnographischer Gespräche zu diesen Materialien andererseits. Auch in der Studie „The Polish Peasant in Europe and America" von Thomas und Znaniecki (1918-1920) wurden verschiedene Datensorten mit einander kombiniert – einerseits Dokumente („undesigned records" – vgl. Fischer-Rosenthal 1995: 117), andererseits eine exemplarische Lebensgeschichte, die ein Untersuchungsteilnehmer für die Studie erstellt hat. Marotzki (1998) verweist schließlich darauf, dass die Verknüpfung von Interviews und Beobachtungen schon für die Arbeiten von Malinowski prägend war. Morse (2003: 190) sieht die Arbeiten von Goffman (z.B. 1989) als Beispiel für die Anwendung der

1 Einen sehr anschaulichen Eindruck des Vorgehens vermittelt der Fernsehfilm „Einstweilen wird es Mittag" von Karin Brandauer, der in seiner Spielhandlung stark an der Studie von Jahoda et al. orientiert ist.

Triangulation, ohne dass er diesen Begriff verwendet hätte. Diese Beispiele zeigen, dass die Verwendung unterschiedlicher Datensorten kennzeichnend für viele Klassiker der qualitativen Sozialforschung schon am Anfang der Tradition war.

Der Ansatz von Barney Glaser und Anselm Strauss zur Entdeckung gegenstandsbegründeter Theorien ist zentral für die Renaissance qualitativer Forschung in den 1960er Jahren in den USA und ab den späten 1970er Jahren im deutschen Sprachraum. Dabei sind nicht nur die Schriften zur Methodik (z.B. 1967), sondern auch die Untersuchungen (z.B. Glaser/Strauss 1965; Strauss/Schatzmann/Bucher/Ehrlich/Sabshin 1964) einfluss- und aufschlussreich. Auch hier lassen sich verschiedene Ansatzpunkte finden, die Realisierung dessen darstellen, was in der späteren Diskussion als Triangulation bezeichnet wird. Glaser und Strauss (1967: 65) empfehlen zum einen die Verwendung verschiedener Datentypen:

> Different kinds of data give the analyst different views or vantage points from which to understand a category and to develop its properties; these different views we have called *slices of data.* While the sociologist may use one technique of data collection primarily, theoretical sampling for saturation of a category allows a multi-faceted investigation, in which there are no limits to the techniques of data collection.

An anderer Stelle schlagen sie die Verwendung unterschiedlichster Datensorten und -quellen vor, während Strauss et al. (1964: 36) den Einsatz verschiedener Beobachter zur Erhöhung der Reliabilität von Beobachtungen, die unabhängig voneinander gemacht wurden, durch deren Vergleich propagieren.

Diese Beispiele sollen verdeutlichen, dass die Triangulation von Datenquellen, von Methoden und von Forschern eine lange Tradition in unterschiedlichen Bereichen der qualitativen Forschung hat, auch wenn dabei dieser Begriff noch nicht bzw. nicht immer verwendet wird bzw. wurde. Die Beispiele zeigen auch, dass in der Tradition dieser Studien Triangulation als empirischer Zugang zu den untersuchten Feldern und Gegenständen weniger ein Instrument der Überprüfung empirischer Ergebnisse als einen Weg zu erweiterten Erkenntnismöglichkeiten darstellt.

Besondere Aktualität gewinnt die Triangulation, wenn etwa in der Soziologie die Ausbildung in empirischer Methodik zunehmend quantitative und qualitative Methoden gleichermaßen umfassen soll mit dem Ziel einer „integrierten Empirieausbildung“ (vgl. Rehberg 2003: 23-26, aber auch Flick 2009). Im Verhältnis von qualitativer und quantitativer Forschung (vgl. Kelle 2007; Lamnek 2000) bekommen Schlagworte wie „Mixed Methods“ (Tashakkori/Teddlie 2003a) oder „Integrative Sozialforschung“ (Seipel/Rieker 2003) dabei einen besonderen Reiz. Hier bleibt kritisch zu prüfen, ob sie die Erwartung nach einer pragmatischen und gleichzeitig theoretisch begründeten Verbindung von Forschungsansätzen auch tatsächlich erfüllen können. In diesem Kontext soll der Frage nachgegangen werden, inwieweit nicht der Ansatz der Triangulation hier seine besondere Bedeutung gerade in Kombination von Reflexion und Pragmatik hat.

In den anschließenden Kapiteln soll die Triangulation als methodologische Strategie vor dem Hintergrund der genannten Forschungstraditionen und aktuellen Diskussionen in ihren unterschiedlichen Verwendungskontexten behandelt und darüber weiter ausbuchstabiert werden. Dabei soll nicht nur deutlich werden, was Triangulation ist und wie sie angewendet werden kann, sondern auch, was sie *nicht* ist und welche Probleme bei der Umsetzung der Strategie auftreten (können). Um dieses Ziel zu erreichen, wird die Darstellung der Triangulation folgende Schritte durchlaufen.

Das anschließende (2.) Kapitel ist einer kurzen Darstellung der Entwicklungsgeschichte des Konzepts der Triangulation mit dem Versuch einer vorläufigen Begriffsbestimmung (Was ist Triangulation?) gewidmet. Die am stärksten mit dem Konzept verknüpfte Variante – die Methodentriangulation – wird im 3. Kapitel vorgestellt an zwei alternativen Umsetzungen. Besondere Aktualität und praktische Relevanz hat Triangulation in zwei methodischen Diskussionen: in der aktuellen Ethnographie (Kapitel 4) und im Kontext der Diskussion um die Verknüpfung qualitativer und quantitativer Forschung (Kapitel 5). Daran schließt sich eine Auseinandersetzung mit praktischen Problemen der Anwendung der Triangulation an – die Fragen nach ihrer Stellung im Forschungsprozess und nach Problemen der Umsetzung von Triangulationsstudien (Kapitel 6). Diese Fragen werden auch unter dem Fokus der Klärung der Indikation von Forschungsmethoden als Voraussetzung für eine reflektierte Anwendung der Triangulation aufgegriffen.

Die verschiedenen Kapitel und das Buch insgesamt sollen zu einer reflektierten Anwendung der Triangulation in der qualitativen Forschung und in der Verbindung qualitativer und quantitativer Forschung einladen. Zur reflektierten Anwendung gehört auch die Klärung der Frage, wann es besser ist, auf die Triangulation als Strategie zu verzichten. Über die Auseinandersetzung mit der Triangulation als theoretischer, methodologischer und methodischer Strategie soll ein Beitrag geleistet werden zu mehr Systematik in der Verbindung von Forschungsansätzen und einer unreflektierten Pragmatik, die in verschiedenen Kontexten aktuell Konjunktur hat, vorgebaut werden[2].

2 Aus Gründen der besseren Lesbarkeit wurde darauf verzichtet, immer die männliche und die weibliche Form zu verwenden. Leserinnen und Leser mögen sich bitte abwechselnd eine weibliche und eine männliche Person vorstellen, wo von Forschern und Interviewpartnern die Rede ist.

2. Geschichte und Theorie der Triangulation

2.1 Was ist Triangulation und was nicht

Vereinfacht ausgedrückt bezeichnet der Begriff der Triangulation, dass ein Forschungsgegenstand von (mindestens) zwei Punkten aus betrachtet – oder konstruktivistisch formuliert: konstituiert – wird. In der Regel wird die Betrachtung von zwei und mehr Punkten aus durch die Verwendung verschiedener methodischer Zugänge realisiert (vgl. Kapitel 3). Der Begriff der Triangulation wurde aus der Landvermessung und Geodäsie übernommen, wo er als eine ökonomische Methode der Lokalisierung und Fixierung von Positionen und Lagen auf der Erdoberfläche eingesetzt wird (vgl. Blaikie 1991: 118). Die dort verwendetet Definition liest sich folgendermaßen:

> Triangulation is the method of location of a point from two others of known distance apart, given the angles of the triangle formed by the three points. By repeated application of the principle, if a series of points form the apices of a chain or network of connected triangles of which the angles are measured, the lengths of all the unknown sides and the relative positions of the points may be computed when the length of one of the sides is known (Clark 1951: 145).

In einem eher metaphorischen Sinne wurde die Triangulation in die allgemeine Methodendiskussion in den Sozialwissenschaften von Campbell und Fiske (1959) und Webb et al. (1966) eingeführt. Schon dabei stand der Gedanke dahinter, dass der untersuchte Forschungsgegenstand (auch) von den zu seiner Untersuchung eingesetzten Methoden konstituiert wird. Zum damaligen Zeitpunkt war jedoch eher die negative Lesart dieses Sachverhalts bestimmend: Dass der Untersuchungsgegenstand von den eingesetzten Methoden möglicherweise verfälscht wird, die Ergebnisse somit als Artefakte zu betrachten wären. Leitfrage war – etwa bei Campbell und Fiske (1959: 82) –, ob „eine Hypothese die Konfrontation mit einer Serie komplementärer Testmethoden übersteht". Daran knüpften Überlegungen an, wie einer solchen Verfälschung vorzubeugen sei. Entsprechend wurden „nichtreaktive (unobstrusive) Messverfahren" (Webb et al. 1966) gefordert. Eine Strategie wird dabei die Kombination unterschiedlicher Messverfahren und Methoden – die „multitrait-multimethod-matrix" (Campbell/Fiske 1959) wird verwendet. In diesem Zusammenhang wird auch die Metapher der Triangulation aus dem Bereich der Geodäsie übernommen, wo damit eine Strategie bezeichnet wurde, um „von verschiedenen Referenzpunkten aus die exakte Position eines Objektes zu lokalisieren" (Smith 1975: 273, zit. nach Jick 1983: 136).

Zu einer Klärung des Begriffes Triangulation trägt auch die Bestimmung dessen bei, was nicht damit gemeint ist. Bei der Kombination von Methoden ist damit nicht gemeint, dass eine Methode zur Datenerhebung (bspw. eine bestimmte Interviewform) und eine Methode zur Analyse der Daten (bspw. ein Kodierverfahren) eingesetzt werden. Dies ist selbstverständlich und bedarf keiner extra Bezeichnung. Jedoch ebenso wenig ist die Durchführung einer explorativen Vorstudie mit qualitativen Methoden vor der Durchführung der eigentlichen Untersuchung mit standardisierten Methoden damit gemeint, wenn die Vorstudie nicht als eigener und eigenständiger Teil der Studie gesehen wird, sondern bspw. ausschließlich der Fragebogenentwicklung dient und die Ergebnisse des ersten Schrittes nicht in die Ergebnisse der Studie insgesamt einbezogen werden.

Definition der Triangulation

Im Folgenden soll unter Triangulation im Kontext sozialwissenschaftlicher und spezieller qualitativer Forschung verstanden werden (vgl. Kasten 2-1):

Kasten 2-1: Definition der Triangulation

> Triangulation beinhaltet die Einnahme unterschiedlicher Perspektiven auf einen untersuchten Gegenstand oder allgemeiner: bei der Beantwortung von Forschungsfragen. Diese Perspektiven können sich in unterschiedlichen Methoden, die angewandt werden, und/oder unterschiedlichen gewählten theoretischen Zugängen konkretisieren, wobei beides wiederum mit einander in Zusammenhang steht bzw. verknüpft werden sollte. Weiterhin bezieht sie sich auf die Kombination unterschiedlicher Datensorten jeweils vor dem Hintergrund der auf die Daten jeweils eingenommenen theoretischen Perspektiven. Diese Perspektiven sollten so weit als möglich gleichberechtigt und gleichermaßen konsequent behandelt und umgesetzt werden. Durch die Triangulation (etwa verschiedener Methoden oder verschiedener Datensorten) sollte ein prinzipieller Erkenntniszuwachs möglich sein, dass also bspw. Erkenntnisse auf unterschiedlichen Ebenen gewonnen werden, die damit weiter reichen, als es mit einem Zugang möglich wäre.

Dieses Verständnis von Triangulation soll im Folgenden anhand der verschiedenen Konzeptionen, die in der sozialwissenschaftlichen Methodendiskussion zu finden sind, weiter entfaltet und in späteren Kapiteln hinsichtlich seiner konkreten Umsetzung weiter ausbuchstabiert werden.

2.2 Multiple Triangulation

Zielsetzung der Triangulation

In der Diskussion um qualitative Forschung hat Triangulation am stärksten Beachtung gefunden in der Konzeption von Denzin (1970, 1989). Anfangs versteht Denzin unter Triangulation ganz allgemein: „(....) the combination of methodologies in the study of the same phenomena“ (1970: 297). Als Zielsetzung der Triangulation umreißt Denzin:

> Triangulation, or the use of multiple methods, is a plan of action that will raise sociologists above the personalistic biases that stem from single methodologies. By combining methods and investigators in the same study, observers can partially overcome the deficiencies that flow from one investigator and/or method. Sociology as a science is based on the observations generated from its theories, but until sociologists treat the act of generating observations as an act of symbolic interaction, the links between observations and theories will remain incomplete. In this respect triangulation of method, investigator, theory, and data remains the soundest strategy of theory construction (Denzin 1970: 300).

Daten-Triangulation

Denzin unterscheidet verschiedene Formen der Triangulation: „Data Triangulation“ bezeichnet die Einbeziehung unterschiedlicher Datenquellen (1970: 301) in Abgrenzung zur Verwendung unterschiedlicher Methoden der Hervorbringung von Daten. Durch die Triangulation von Datenquellen kann der Forscher mit denselben Methoden effizient ein Höchstmaß an theoretischen Gewinn erzielen (1970: 301). Daten-Triangulation differenziert Denzin in verschiedener Hinsicht: So unterscheidet er nach Zeit, Raum und Personen und propagiert die Untersuchung „desselben Phänomens“ zu verschiedenen Zeitpunkten, an verschiedenen Orten und Personen. Damit nähert sich Denzin – auch nach eigener Einschätzung (1970: 301) – der Strategie des „theoretical sampling“ von Glaser und Strauss (1967) an. In beiden Fällen wird von der gezielten und systematischen Auswahl und Einbeziehung von Personen und Untersuchungsgruppen, Zeitpunkten und lokalen Settings in die Untersuchung ausgegangen.

Darüber hinaus unterscheidet Denzin drei Ebenen, auf denen sich Personen im Rahmen empirischer Forschung analysieren lassen: (1) In Umfragen werden bspw. Individuen (häufig) nach dem Zufallsprinzip ausgewählt und ohne Bezug auf einen bestimmten Kontext als Fälle zu anderen Fällen etwa statistisch in Beziehung gesetzt. (2) Interaktionen in Gruppen, Familien, Teams stellen die zweite Ebene dar, wobei die Interaktion und nicht die (einzelne) Person der Ansatzpunkt ist und (3) werden Personen als Teil von „Kollektivitäten“ (Denzin 1970: 302), etwa als Mitglieder von Organisationen, sozialen Gruppen oder Gemeinschaften untersucht, wobei Personen und Interaktionen nur insofern als Einheiten betrachtet werden, als sie Druck oder Anforderungen widerspiegeln, die von der Kollektivität ausgehen (1970: 302).

Investigator Triangulation

Als zweite Form nennt Denzin „Investigator Triangulation". Darunter ist zu verstehen, dass mehrere Beobachter oder Interviewer eingesetzt werden sollen, um Verzerrungen durch die Person des Forschers aufzudecken bzw. zu minimieren. Das folgende Beispiel von Strauss et al. kann diese Strategie illustrieren.

> There were three fieldworkers subjected for the most part to the same raw data. Search for pinpointing and negative evidence was abetted by the collective nature of our inquiry. If the colleague reported the same kind of observation as another without prior consultation, confidence grew. If after hearing the report of an observation, a colleague was himself able unquestionably to duplicate it, it indicated that our observational techniques had some degree of reliability. If no colleague did corroborate an observation – which did happen – if it seemed important then, or later, further inquiry was initiated. Something like a built-in reliability check was thus obtained because several fieldworkers were exposed directly to similar or identical data (Strauss et al. 1964: 36).

Dabei ist jedoch nicht die schlichte Arbeitsteilung oder Delegation vermeintlicher Routinetätigkeiten an Hilfskräfte gemeint, sondern der systematische Vergleich des Einflusses verschiedener Forscher auf den Untersuchungsgegenstand und die erhaltenen Resultate:

> When multiple observers are used, the most skilled observers should be placed closest to the data. Triangulating observers removes the potential bias that comes from a single person, and insures a greater reliability in observations (...) (Denzin 1970: 303).

Theorien-Triangulation

Beim dritten Typ in der Systematik von Denzin ist der Ausgangspunkt:

> (...) approaching the data with multiple perspectives and hypotheses in mind. Data that would refute central hypotheses could be collected, and various theoretical points of view could be placed side by side to assess their utility and power (1970: 303).

Dadurch sollen hier aber auch die Erkenntnismöglichkeiten fundiert und verbreitert werden. Insbesondere in Feldern, die durch ein geringes Maß an theoretischer Kohärenz gekennzeichnet sind, ist der Rückgriff auf Theorien-Triangulation zu empfehlen. Dabei nimmt Denzin Bezug auf Situationen, in denen verschiedenste Theorien zur Erklärung eines Phänomens vorliegen. Dann kann man dann entweder die eine oder die andere Theorie durch die Daten zu bestätigen suchen (die Fakten, die dabei für sich sprechen – Westie 1957), oder diejenige Theorie auswählen, die am plausibelsten erscheint, oder eine eigene Theorie aus den Daten entwickeln (Denzin 1970: 302). Relevant wird die Theorien-Triangulation bei der Anwendung auf einen konkreten Satz von Daten, bspw. ein Interviewprotokoll.

Beispiele für die Umsetzung einer solchen, auch Theorie vergleichenden Annäherung an Daten von unterschiedlichen Perspektiven bieten etwa die unterschiedlichen „Interpretationen einer Bildungsgeschichte" (Heinze/Klusemann/Soeffner 1980). Hier wurden nicht nur unterschiedliche Methoden der Textinterpretation, sondern auch die unterschiedlichen theoretischen Hintergrundannahmen, mit denen diese Methoden und die sie vertretenden Forscher arbeiten, mit einander trianguliert. Dass daraus sehr unterschiedliche Interpretationen resultierten, ist im Kontext des Ansatzes von Denzin nicht verwunderlich, der an einem eigenen (allerdings hypothetischen) Beispiel Ähnliches praktiziert und zu dem Schluss kommt: „(...) each perspective directs analysis to different data areas, suggests different research methods and contradicts the explanations of the other (...)" (Denzin 1970: 306).

Als Vorteile der Theorien-Triangulation hebt Denzin hervor, dass sie (1) verhindere, dass Forscher an ihren Vorannahmen festhalten und alternative Erklärungen ignorieren würden. Dazu ist es notwendig, alle zu Beginn der jeweiligen Untersuchung vorliegenden Annahmen und Theorien zu explizieren (1970: 306). Darüber hinaus würden Soziologen durch Theorien-Triangulation (2) über theoriespezifische Untersuchungen hinausgehen zu generalisiert-theoretischen Untersuchungen (1970: 306). Und schließlich würde die Theorien-Triangulation (3) den Fortschritt in Theorie und Forschung vorantreiben durch die vergleichende Überprüfung und ggf. Falsifikation rivalisierender theoretischer Modelle durch die gezielte Analyse „negativer Evidenz" (1970: 307) oder durch die Entwicklung theoretischer Synthesen.

Triangulation von Methoden

Die stärkste Beachtung findet die vierte Form, die Denzin vorschlägt – die „methodologische Triangulation". Auch hier unterscheidet Denzin wieder zwei Alternativen: Triangulation innerhalb einer Methode („within-method") und zwischen mehreren Methoden („between-method"). Als Beispiel für die erste Form wird die Verwendung verschiedener, auf einen Sachverhalt zielender Subskalen in einem Fragebogen genannt. Mit der zweiten Form schließt Denzin an die Diskussion um die Kombination verschiedener Methoden zur Begrenzung ihrer Reaktivität bei Webb et al. (1966) an, wenn er verlangt, die Begrenztheit der Einzelmethoden methodologisch durch ihre Kombination zu überwinden. Denzin formuliert eine Reihe von Prinzipien methodologischer Triangulation:

> The nature of the research problem and its relevance to a particular method should be assessed (...). As methods are adapted to the special problems at hand, their relative strengths and weaknesses must again be assessed (...). It must also be remembered that each method has unique strengths and weaknesses. (...). (M)ethods must be selected with an eye to their theoretical relevance. (....) To maximize the theoretical value of their studies, investigators must select their

> strongest methods. (...) Researchers must be flexible in the evaluation of their methods. Every action in the field provides new definitions, suggests new strategies, and leads to continuous modification of initial research designs (...) No investigation should be viewed in a static fashion (1970: 308-310).

In diesen Prinzipien wird weniger die naiv-pragmatische Kombination von Methoden propagiert als ein sehr methodenkritischer Auswahlprozess für die verwendeten Methoden und eine kontinuierliche Überprüfung von methodischen Entscheidungen und ihrer Angemessenheit (vgl. hierzu auch Flick 2007). Bezugspunkt sind dabei das untersuchte („special“) Problem und die theoretische Relevanz der Fragestellung und der Ergebnisse der Untersuchung. Trotzdem liegt zu diesem Zeitpunkt der Fokus der methodologischen Triangulation für Denzin vor allem auf der Validierung von Feldforschung, wie die folgende Zusammenfassung zeigt:

> To summarize, methodological triangulation involves a complex process of playing each method off against the other so as to maximize the validity of field efforts. Assessment cannot be solely derived from principles given in research manuals – it is an emergent process, contingent on the investigator, his research setting, and his theoretical perspective (1970: 310).

Schließlich skizziert Denzin noch einige Probleme bei der Planung von Untersuchungen mit multipler Triangulation:

> The first and most obvious problem is locating a common unit of observation against which various theories can be applied (...). The only solution is to select one common database and simply force the theories to be applied to those data. (...) A second problem may be that restrictions of time and money make it impossible to employ multiple observers, multiple methods, and multiple data sources. (...) A final problem involves the inaccessibility of critical data areas, types, or levels (1970: 311-312).

Die Probleme, die dabei benannt werden, beziehen sich vor allem auf die Zugänglichkeit von Untersuchungsbereichen, in denen die Triangulation mit der notwendigen Konsequenz angewendet werden kann und darauf, dass Triangulation die – wie auch immer begrenzten – Ressourcen einer Untersuchung überfordern könnte (vgl. hierzu Kapitel 6).

Fazit

Denzin hat einen umfassenden Vorschlag für die Gestaltung und Umsetzung von Triangulation vorgelegt. Seine ursprüngliche Konzeption aus den 1970er Jahren bewegt sich dabei zwischen dem Anspruch der Validierung von Ergebnissen – durch das Gegeneinander-Ausspielen von Methoden –, der Steigerung der Reliabilität von Vorgehensweisen – verschiedene Methoden sind eher reliabel als eine Methode – und der Fundierung der Theoriebildung durch die verschiedenen Triangulationsformen. Dabei wird die Gegenstandskonstituierung durch Methoden teilweise außer Acht gelassen. Denzin spricht verschiedentlich von der Anwendung verschiedener Methoden auf dasselbe Phänomen. In Reaktion auf die im Folgenden dargestellten Diskussionen und Kritiken und vermutlich auch aufgrund der Veränderung seiner methodischen Positionen generell hat Denzin in der späteren Fassung seines Buch „The Research Act" (1989) einige Aspekte seiner Konzeption der Triangulation modifiziert (s. u. 2.4).

2.3 Diskussionslinien

Bei Denzins Ansatz handelt es sich nicht nur um die am häufigsten zitierte und diskutierte Triangulationskonzeption. Auch die meiste Kritik an Triangulation bezieht sich direkt darauf. Ein erster Ansatzpunkt ist dabei das der Kombination verschiedener Methoden zugrunde liegende Gegenstandsverständnis. Ausgehend von einer ethnomethodologischen Position formuliert etwa Silverman als Vorbehalt:

> (...) we have to be careful about inferring a master reality in terms of which all accounts and actions are to be judged. This casts great doubt on the argument that multiple research methods should be employed in a variety of settings in order to gain a 'total' picture of some phenomenon (...). Putting the picture together is more problematic than such proponents of triangulation would imply. What goes on in one setting is not a simple corrective to what happens elsewhere – each must be understood in its own terms (1985: 21).

Hier wird v.a. kritisiert, dass Denzin – trotz seiner ‚eigentlich' interaktionistischen Position – immer wieder davon ausgeht, dass mit verschiedenen Methoden ein und derselbe Gegenstand – in Denzins Formulierung „das selbe Phänomen" – abgebildet werde und dass man die dabei resultierenden Teilansichten nur noch zusammensetzen müsse. Dabei lässt Denzin jedoch, wenn man die Kritik von Silverman weiterdenkt, denjenigen Punkt außer Acht, der – etwa bei Webb et al. (1966) – erst die Diskussion um Triangulation in Gang gebracht hat: Die Reaktivität von Methoden, oder anders formuliert: Dass jede Methode den Gegenstand, der mit ihr erforscht bzw. abgebildet werden soll, auf spezifische Weise konstituiert. Dies hat zur Folge, dass bei der Kombination von Surveys und Feldforschung (Fielding/Fielding 1986), Interviews und (teilnehmender) Beobachtung (Becker/Geer 1979; Hammersley/Atkinson 1983) oder allgemeiner von qualitativen und quantitativen Verfahren nicht davon ausgegangen werden kann, dass jeweils der eine Ansatz das Gleiche zu Tage fördern wird wie der andere oder dass bei Diskrepanzen der Ergebnisse das eine (oder das andere) Resultat damit widerlegt sei. Vielmehr liegt schon im Verhältnis von Methode und Gegenstand bei der jeweiligen Einzelmethode eine solche Diskrepanz begründet, die es erforderlich macht, Kriterien zur Beurteilung von Übereinstimmungen und Diskrepanzen der Resultate unterschiedlicher Methoden zu entwickeln. Erst dann greift auch die folgende Kritik von Fielding und Fielding nicht mehr:

> Multiple triangulation as Denzin expounded it, is the equivalent for research methods of 'correlation' in data analysis. They both represent extreme forms of eclecticism (1986: 33).

Das untersuchte Phänomen ist in seiner empirischen ‚Darbietungsform' bzw. in der Form, in der es vom Forscher wahrgenommen wird, nicht zuletzt vom theoretischen Vorverständnis geprägt, mit dem sich der Forscher annähert. Das entsprechende Vorverständnis prägt die Konzeption von und den Umgang mit Methoden und die Interpretation von Ergebnissen (Beobachtungen, Antworten etc.). Dieser Tatsache trägt Denzin zwar in seinem Verständnis von theoretischer Triangulation Rechnung. Vernachlässigt wird sie jedoch bei der (rein methodischen) Verwendung von Triangulation als Validierungsstrategie durch das Gegeneinander-Ausspielen von Methoden. Triangulation als ‚Quasi-Korrelation' läuft Gefahr, die jeweiligen Implikationen, die eine bestimmte theoretische Ausgangsposition und die entsprechende Methodenanwendung prägen, zu übersehen bzw. zu vernachlässigen. Dies hängt mit dem Versuch zusammen, über die Triangulation von Methoden, Datenquellen etc. Validierungsstrategien im klassischen Sinne zu realisieren. Als Resümee ihrer differenzierten Kritik an der Konzeption von Denzin sehen Fielding und Fielding folgende Probleme:

> Theoretical triangulation does not necessarily reduce bias, nor does methodological triangulation necessarily increase validity. Theories are generally the product of quite different traditions, so when they are combined, one might get a fuller picture, but not a more 'objective' one. Similarly different methods have emerged as a product of different theoretical traditions, and therefore combining them can add range and depth, but not accuracy (1986: 33).

Von diesem Verständnis von Triangulation ist dann jedoch der Weg zu einer Position nicht mehr weit, die Triangulation weniger als Strategie der Validierung als vielmehr als Alternative dazu auffasst. Entsprechend halten Fielding und Fielding fest:

> In other words, there is a case for triangulation, but not the one Denzin makes. We should combine theories and methods carefully and purposefully with the intention of adding breadth or depth to our analysis but not for the purpose of pursuing 'objective' truth (1986: 33).

In diesem Verständnis der Funktion von Triangulation wird zwar der Anspruch der zusätzlichen Geltungsbegründung erhaltener Daten und Interpretationen aufrechterhalten. Dieses Ziel wird jedoch auf dem Weg über eine größere Angemessenheit und umfassendere Gegenstandsabbildung durch die eingesetzte Methodenvielfalt und nicht über die einseitige oder wechselseitige Validierung der Einzelergebnisse angestrebt.

Im Folgenden soll der Frage nachgegangen werden, welche Form der Übereinstimmung und Bestätigung von Ergebnissen durch die Strategie der Triangulation überhaupt erzielbar bzw. erwartbar ist. Ausgehend von der Prämisse des engen Verhältnisses von Methoden und Untersuchungsgegenstand – dass letzterer von ersteren erst durch ihre Anwendung konstituiert wird – werden etwa für Lamnek (1988: 236) „übereinstimmende Ergebnisse unwahrscheinlich, wenn die Methoden von unterschiedlicher Qualität sind. Kongruente Befunde werden von daher nur selten zu erwarten sein". Als Konsequenz davon schlägt er vor, die Erwartung an Triangulation zu konkretisieren und realistischer zu formulieren und dabei einen anderen Begriff der Konvergenz – „nicht im Sinne von Deckungsgleichheit, sondern (...) von Komplementarität" zu verwenden. Dann „bedeutet Konvergenz, dass sich die Erkenntnisse ineinander fügen, sich ergänzen, auf einer Ebene liegen, aber nicht kongruent sein müssen". Damit wird aber auch zumindest implizit der Anspruch aufgegeben, per Triangulation – als Pendant zur Korrelation – Validierung von Methoden und Ergebnissen im herkömmlichen Sinne zu betreiben. Um die Komplementarität von Ergebnissen beurteilen zu können, ist ein wesentlich höherer – theoretischer – Aufwand nötig, als etwa eine Übereinstimmung per Korrelation – rechnerisch – zu bestimmen.

Dass gerade im Zusammenhang mit interpretativen Verfahren nicht mit eindeutigen Ergebnissen und Kriterien zur Entscheidung über die Verlässlichkeit einzelner Methoden und Ergebnissen zu rechnen ist, sondern eher eine Verbreiterung der Erkenntnismöglichkeiten und eher vergrößerte als reduzierte Notwendigkeiten für (theoriegeleitete) Interpretation zu erwarten sind, verdeutlicht etwa auch Köckeis-Stangl:

> Anstelle von Validierungen zu sprechen, wäre es vielleicht adäquater, unsere Prüfprozesse als mehrperspektivische Triangulation anzusehen (...) und im voraus darauf gefasst zu sein, als Ergebnis kein einheitliches, sondern eher ein kaleidoskopartiges Bild zu erhalten (1982: 363).

Insgesamt betrachtet hat die Kritik an Denzins ursprünglicher Konzeption der Triangulation sich an der Idee der Validierung durch das Gegeneinandersetzen (Ausspielen) von verschiedenen Methoden anhand der Ergebnisse, die sie jeweils liefern und an der dabei angenommenen, eher simplen Logik der Abbildung eines gegebenen und sich jedem methodischen Zugang gleich präsentierenden Gegenstand festgemacht. Im Laufe der Aktualisierung seiner Auseinandersetzung mit der Triangulation und der sehr weitgehenden Revision seiner methodischen Position insgesamt (vgl. hierzu auch Lincoln 2008 und Denzin 2008) hat Denzin einige der Kritikpunkte aufgegriffen.

2.4 Triangulation als Sophisticated Rigor: Denzins Reaktion auf seine Kritiker

In neueren Arbeiten (z.B. Denzin 1989: 246; Denzin/Lincoln 1994: 2) versteht Denzin Triangulation mittlerweile differenzierter. Zentral für seine aktualisierte Version ist der Begriff des „sophisticated rigor“:

> Interpretive sociologists who employ the triangulated method are committed to *sophisticated rigor*, which means that they are committed to making their empirical, interpretive schemes as public as possible. This requires that they detail in careful fashion the nature of the sampling framework used. It also involves using triangulated, historically situated observations that are interactive, biographical, and, where relevant, gender specific. The phrase *sophisticated rigor* is intended to describe the work of any and all sociologists who employ multiple methods, seek out diverse empirical sources, and attempt to develop interactionally grounded interpretations (1989: 235-236).

Dabei sieht Denzin Triangulation immer noch mit dem Anspruch der Überwindung methodischer Beschränkungen einzelner Methoden verknüpft (1989: 236). Gleichzeitig gibt Denzin die Idee des Gegeneinanderausspielens von Methoden mit dem Ziel damit Hypothesen zu testen als Reaktion auf die Kritik von Silverman (1985) auf:

> Accordingly, data triangulation better refers to seeking multiple sites and levels for the study of the phenomenon in question. It is erroneous to think or imply that the same unit can be measured. At the same time, the concept of hypothesis testing must be abandoned. The interactionist seeks to build interpretations, not test hypotheses (Denzin 1989: 244).

Als Reaktion auf Fielding und Fielding (1986) formuliert Denzin eine veränderte Zielsetzung für die multiple Triangulation:

> The goal of multiple triangulation is a fully grounded interpretive research approach. Objective reality will never be captured. In-depth understanding, not validity, is sought in any interpretive study. Multiple triangulation should never be eclectic. It cannot, however, be meaningfully compared to correlation analysis in statistical studies (Denzin 1989: 246).

Insgesamt betrachtet sieht Denzin in seinen späteren Ausführungen Triangulation als Strategie auf dem Weg zu einem tieferen Verständnis des untersuchten Gegenstandes und damit als Schritt auf dem Weg zu mehr Erkenntnis und weniger zu Validität und Objektivität in der Interpretation.

2.5 Systematische Perspektiven-Triangulation

In eine ähnliche Richtung geht der Vorschlag der „systematischen Perspektiven-Triangulation“ (Flick 1992a, b), bei dem gezielt verschiedene Forschungsperspektiven qualitativer Forschung miteinander trianguliert werden, um deren Stärken zu ergänzen und Grenzen wechselseitig aufzuzeigen. Dabei geht es nicht um eine pragmatisch konzipierte Verknüpfung verschiedener Methoden, sondern um die Berücksichtigung ihrer jeweiligen theoretischen Hintergrundannahmen. Ausgangspunkt sind dabei Systematisierungsversuche für die Vielfalt an Forschungsansätzen in der qualitativen Forschung, die die Basis für eine theoretisch begründete, systematische Triangulation unterschiedlicher qualitativer Ansätze und Perspektiven bilden. Dies soll am Beispiel einer Untersuchung zu subjektiven Vertrauenstheorien und ihrer Umsetzung in praktisches Beratungshandeln mit Klienten (Flick 1989) verdeutlicht werden. Methodisch beruht die Untersuchung auf der Rekonstruktion subjektiver Theorien mit anschließender kommunikativer Validierung (i.S. von Scheele/Groeben 1988) und der Konversationsanalyse von Beratungsgesprächen in Anlehnung an Wolff (1986). Auf die methodischen Fragen der Untersuchung wird in Kapitel 3 noch ausführlicher eingegangen. Hier soll die theoretische und methodologische Einordnung der dabei angewendeten Triangulation verschiedener Methoden behandelt werden.

Forschungsperspektiven innerhalb der qualitativen Forschung

Ein erster Ausgangspunkt ist die Tatsache, dass längst nicht mehr von *der* qualitativen Forschung ausgegangen werden kann (ebenso wenig wie von *der* quantitativen Forschung). Angesichts der zu verzeichnenden Vielfalt qualitativer Forschungsansätze (für einen Überblick vgl. Flick 2003 und 2007, Kap. 31) und der mit ihnen durchgeführten Forschung lassen sich jeweils unterschiedliche theoretische Hintergründe und methodische Strategien, aber auch unterschiedliche Formen der Erkenntnis und schließlich ein jeweils unterschiedliches Verständnis ihres Gegenstands ausmachen. Nach Bergold und Flick (1987: 5f.) lässt sich das „Spektrum der Verweisungszusammenhänge“, in die Aussagen und Handlungen untersuchter Subjekte im Rahmen qualitativer Forschung eingeordnet werden, durch die Pole „Einordnung in Strukturen, die im Subjekt lokalisiert sind“ (bspw. durch die Rekonstruktion subjektiven Wissens) und „Einordnung in sozial geprägte Interaktionsmuster“ (bspw. durch konversationsanalytische Untersuchungen an Alltagsgesprächen) abstecken.

In eine ähnliche Richtung, wenn auch mit leichter Akzentverschiebung, weist der Systematisierungsvorschlag von Lüders und Reichertz (1986: 92ff.). Sie ordnen die ‚Forschungsvielfalt‘ qualitativer Forschung drei Forschungsperspektiven zu, die „(1) auf den Nachvollzug subjektiv gemeinten Sinns, (2) auf die Deskription sozialen Handelns und sozialer Milieus und (3) auf die Rekonstruktion deutungs- und handlungsgenerierender Tiefenstrukturen abzielen“. Ansatzpunkt der ersten Perspektive sind „das Subjekt, seine Sichtweisen, Weltbilder (...) und Handlungsmöglichkeiten. Dabei ist es Aufgabe der Sozialforschung, Subjektivität in ihrer

Vielfältigkeit und Widersprüchlichkeit anzuerkennen und angemessen zu rekonstruieren“. Wichtig ist dabei, „dem Subjekt in allen Phasen des Forschungsprozesses (...) gerecht zu werden (...), es in dialogischer Form am Forschungsprozess soweit als möglich zu beteiligen“ (1986: 92). Dieser Perspektive wäre etwa eine Strategie wie die weiter oben als Beispiel eingeführte Rekonstruktion subjektiver Theorien bis hin zu deren kommunikativer Validierung zuzurechnen. Dabei geht es um Sichtweisen, Weltbilder etc. des Subjekts – in Form seiner subjektiven Theorie zu einem bestimmten Thema. Seine möglichst weitgehende Beteiligung am Forschungsprozess wird hier durch den Schritt der kommunikativen Validierung angestrebt.

Zur zweiten Perspektive zählen Lüders und Reichertz „Ansätze, die beanspruchen, soziales Handeln (...) zu beschreiben und zu verstehen. Unter Bezugnahme auf interaktionistische, phänomenologische (...) Traditionen geht es dabei um die Beschreibung und Dokumentation unterschiedlicher Lebenswelten, Milieus und gelegentlich um das Herausfinden der darin gehandelten Regeln und Symbole“ (1986: 93). Hier wird etwa die ethnomethodologische Konversationsanalyse zugeordnet (1986: 93, 98)[3].

Ein dritter Ausgangspunkt sind methodologische Unterscheidungen qualitativer Forschungsmethoden und -praxis in rekonstruktive und interpretative Forschung (Bergmann 1985). Die Verwendung von narrativen oder Leitfaden-Interviews (etwa auch bei der Rekonstruktion subjektiver Theorien) wird dabei der ersten Gruppe zugerechnet. Zur Gruppe der interpretativen Verfahren gehören die Ansätze, die sich mit natürlichen Interaktionen in textueller Form beschäftigen, jedoch nicht über methodische Interventionen wie Interview, Teilnehmende Beobachtung etc. in das Feld eingreifen. Beispiele sind hier wieder die Konversationsanalyse oder die objektive Hermeneutik. Als Problem für die erste Gruppe sieht Bergmann:

> Nachträgliche Thematisierungen bilden gegenüber dem primären Sinnzusammenhang des sich vollziehenden Geschehens einen sekundären Sinnzusammenhang, in dem das vergangene und seinem aktuellen Sinn nach abgeschlossene Geschehen interpretativ neu erschaffen, eben rekonstruiert wird (1985: 305).

Nach Bergmann kann auf diesem Wege der Zugang zu den eigentlichen Handlungen der Subjekte und dem für sie damit verbundenen Sinn gar nicht gefunden werden, da in der Befragungssituation Geschehen und Sinn durch den Rekons-

3 Zur dritten Perspektive, die für das gewählte Beispiel nicht direkt relevant ist, rechnen die Autoren Ansätze mit dem „Anspruch, deutungs- und handlungsgenerierende Tiefenstrukturen rekonstruieren zu wollen.“ Dabei „wird zwischen Oberflächenderivaten (subjektiver Sinn, Intention) und objektiver Tiefenstruktur unterschieden, wobei die Tiefenstruktur als eigene Realitätsebene verstanden wird, der handlungsgenerierende Funktion zukommt“ (1986: 95). Als Beispiel für diese Perspektive wird die objektive Hermeneutik von Oevermann et al. (1979) angeführt.

truktionsvorgang (Erinnerung und Darstellung) neu hergestellt werden und der ursprüngliche Sinnzusammenhang dadurch zugedeckt wird. Bergmanns zentrale

> Behauptung ist also, 1. daß diese Daten selbst (und nicht erst deren spätere Bearbeitung) das Ergebnis sekundärer Sinnbildungsprozesse sind, die den primären Sinnzusammenhang (...) undurchdringlich überlagert haben; 2. daß in diesen Daten das soziale Original – teilweise hochgradig kondensiert – in die Formstrukturen der rekonstruktiven Gattungen transformiert wurde und 3. daß diese Daten in all ihren deskriptiven Bestandteilen geprägt und abhängig sind von dem spezifischen Kontext ihrer Entstehung und Verwendung (1985: 306).

Die Argumentation Bergmanns ist für den hier interessierenden Zusammenhang v.a. unter dem Fokus interessant, dass das Interview ebenso wie die interpretativen Verfahren nur bestimmte Aspekte der Wirklichkeit und eines Forschungsgegenstandes erfassen können. Aus dieser Argumentation heraus lässt sich die Triangulation rekonstruktiver und interpretativer Verfahren als Perspektive der Überwindung ihrer jeweiligen begrenzten Reichweite begründen.

Damit sind aber auch eine Reihe von Modellvorstellungen formuliert, die eine Basis für eine begründbare Triangulation qualitativer Ansätze bilden können.

Triangulation verschiedener qualitativer Strategien zur Ergänzung des jeweiligen Gegenstandsverständnisses

Wie die angeführten Beispiele verdeutlichen, wird nicht mehr von ‚der' qualitativen Sozialforschung ausgegangen. Vielmehr gibt es eine Vielzahl von Ansätzen, die sich bestimmten Hauptströmungen zuordnen lassen. Diese Strömungen sind jeweils unterschiedlichen Zielen verhaftet, haben ein unterschiedliches Gegenstands- und Methodenverständnis und sind zunächst einmal hauptsächlich durch den gemeinsamen Oberbegriff ‚qualitative Forschung' miteinander verbunden, obwohl sich hinter diesen Differenzierungen noch eine Reihe von verbindenden Elementen verbergen (vgl. hierzu Flick 2007). Die genannten Differenzierungen zwischen qualitativen Forschungsansätzen können für eine angemessenere Annäherung an den untersuchten Gegenstand genutzt werden. An dieser Stelle erhält dann auch das Konzept der Triangulation seine spezielle Relevanz als „Versuch, verschiedene Datensorten aufeinander zu beziehen" (Hammersley/Atkinson, 1983:199).

Das Potential der Triangulation verschiedener qualitativer methodischer Zugänge kann darin liegen, systematisch unterschiedliche Perspektiven zu verbinden und unterschiedliche Aspekte des untersuchten Gegenstandes zu thematisieren. Dabei wird jedoch der Gegenstand sich jeweils in der Form ‚präsentieren', in der ihn die jeweilige Methode mit-konstituiert. Soll die Triangulation fruchtbar ausfallen, so muss die Auswahl der triangulierten Perspektiven und Methoden begründet erfolgen. Anhaltspunkte können die zuvor skizzierten Differenzierungen von Methoden, Gegenstandsauffassungen und Zielsetzungen qualitativer Forschungsrichtungen darstellen. Erst aus der systematischen Triangulation methodischer Zugangsweisen, die sich unterschiedlichen Ausschnitten der skizzierten Spektren zuordnen lassen und jeweils die spezifischen Perspektiven der jeweiligen Ausschnitte zu kombinieren und zu ergänzen erlauben, lässt sich das Kaleidoskop, von dem Köckeis-Stangl (1982) spricht, wirklich vielseitig und mehrperspektivisch gestalten.

Systematische Perspektiven-Triangulation und angepeilte Datensorten

Entsprechend fordern Fielding und Fielding (1986: 34), Methoden, die strukturelle Aspekte des untersuchten Problems erfassen, mit solchen zu kombinieren, die wesentliche Merkmale seiner Bedeutung für die Beteiligten fokussieren. Bei der Übertragung dieses Gedankens auf die vorangegangenen Differenzierungen qualitativer Forschung ergibt sich die Notwendigkeit, Methoden miteinander zu kombinieren, die „Datensorten" (Hammersley/Atkinson 1983) hervorbringen können,

- die sich einerseits als Subjektäußerungen in „sozial geprägte Interaktionsmuster", andererseits in Strukturen im Subjekt einordnen lassen (Bergold/Flick 1987),
- die einerseits die „Deskription sozialen Handelns und sozialer Milieus", andererseits den „Nachvollzug subjektiv gemeinten Sinns" (Lüders/Reichertz 1986) erlauben,
- wobei ein interpretatives Verfahren (Bergmann 1985) zur Erfassung sozialen Sinns in engem Bezug zu sozialem Handeln in Kombination mit einem rekonstruktiven Verfahren zur Erfassung „sekundärer Sinnzusammenhänge", die gerade über die aktuelle Handlungssituation hinausgehen, verwendet werden sollte.

Wie teilweise im vorangegangenen Abschnitt schon angedeutet, lässt sich entsprechend den vier Differenzierungen (von Fielding/Fielding bis Bergmann) mit der ethnomethodologischen Konversationsanalyse (für einen Überblick vgl. Wolff 1986) das jeweils erste Ziel, mit der Rekonstruktion subjektiver Theorien das jeweils zweite Ziel erreichen. Die Triangulation dieser beiden Ansätze vermag somit als *ein* Beispiel für die methodische Realisierung der angepeilten Perspektivenvielfalt dienen. Beispiele anderer Kombinationen ließen sich entwickeln (vgl. Tabelle 2-1).

Tabelle 2-1: Systematische Perspektiven-Triangulation

Autoren	Perspektive I	Methode I, z.B.	Perspektive II	Methode II, z.B.
Bergold/Flick (1987)	Sozial geprägte Interaktions-muster	Konversations-analyse	Strukturen im Subjekt	Interviews
Bergmann (1985)	interpretative Verfahren	Konversations-analyse	Rekonstruktive Verfahren	Interviews
Lüders/ Reichertz (1986)	Deskription sozialen Han-delns und sozialer Milieus	Konversations-analyse	Nachvollzug subjektiv gemeinten Sinns	Interviews
Fielding/ Fielding (1986)	strukturelle Aspekte des Problems	Konversations-analyse	Bedeutung des Problems für die Beteiligten	Interviews

Über diese hier exemplarisch skizzierte Triangulation von Forschungsperspektiven in der qualitativen Forschung lassen sich dann konkrete Zugänge wie Interviews und bspw. Konversationsanalyse oder Interviews und teilnehmende Beobachtung oder Interviews und Focusgroups systematisch miteinander kombinieren. Die methodische Umsetzung und Forschungsbeispiele werden in den Kapitel 3 und 4 behandelt.

2.6 Gegenstandskonstituierung, Erkenntnisgewinn, Ergebnissicherung

Aus den hier skizzierten theoretischen bzw. methodologischen Diskussionen über das Konzept der Triangulation ergeben sich verschiedene Konsequenzen. Wie die kritische Auseinandersetzung mit Denzins ursprünglichen Vorschlag verdeutlicht, ist bei der Triangulation zu berücksichtigen, dass jede Methode ihren Gegenstand konstituiert. Entsprechend sind simple Übereinstimmungen bei der Triangulation verschiedener Methoden bei der Untersuchung des ‚selben' Gegenstandes nicht zu erwarten. Vielmehr kann die Triangulation verschiedener methodischer Zugänge unterschiedliche Formen der Gegenstandskonstitution verdeutlichen, die einander ergänzen oder widersprechen können. Triangulation liefert nicht übereinstimmende oder einander widersprechende Abbildungen des Gegenstandes, sondern zeigt unterschiedliche Konstruktionen eines Phänomens – etwa auf der Ebene des Alltagswissens und auf der Ebene des Handelns – auf. Triangulation wird nur dann angemessen und aufschlussreich sein, wenn darin nicht nur methodische Zugänge, sondern auch die mit ihnen verbundenen theoretischen Perspektiven verknüpft werden. Wie in der vorangegangenen Diskussion deutlich geworden sein sollte, ist eine zeitgemäße Konzeption der Triangulation durch die Erweiterung von der Prüfung von Geltungsansprüchen auf die Gewinnung zusätzlicher Erkenntnis gekennzeichnet, auch wenn sie weiterhin als Strategie zur Beantwortung der Frage nach der Qualität qualitativer Forschung relevant ist (vgl. hierzu Flick 2005 und 2008b). Schließlich ist es vor allem dann legitim, von Triangulation zu sprechen, wenn den verschiedenen Zugänge in der Planung der Untersuchung, bei der Erhebung und Analyse der Daten eine weitgehende Gleichberechtigung in ihrer Behandlung und ihrem Stellenwert eingeräumt wird und sie jeweils in sich konsequent angewendet werden.

2.7 Zur Aktualität der Triangulation

In den letzten Jahren verstärkt sich das Interesse an der Triangulation weiter in verschiedenen Kontexten: In der qualitativen Forschung in der Erziehungswissenschaft wird sie in vielen Projekten aufgegriffen (vgl. Ecarius/Miethe 2011), während sie in der aktuellen Diskussion um Mixed Methods unter verschiedenen Vorzeichen diskutiert wird (vgl. hier Kapitel 5). Dabei verlagert sich insgesamt der Fokus von der ursprünglichen Orientierung an der Überprüfung von Ergebnissen (etwa bei Denzin 1970 oder noch bei Bryman 2008) zugunsten einer stärkeren Betonung der systematischen Erweiterung der Erkenntnismöglichkeiten (etwa bei Denzin 1989 oder Flick 2011a).

Weiterführende Literatur

Das Buch von Denzin zeigt, wie die Grundlagen des Konzepts formuliert und weiterentwickelt wurden. Der Band von Ecarius/Miethe unterstreicht die Aktualität des Konzepts. Die Studie von Jahoda et al. veranschaulicht, wie die Verknüpfung von Methoden gewinnbringend eingesetzt werden kann.

Denzin, Norman K. (1970/1989): The Research Act (3. Aufl.): Englewood Cliffs, N. J.: Prentice Hall.

Ecarius, Jutta/Miethe, Ingrid (Hrsg.) (2011): Methodentriangulation in der qualitativen Bildungsforschung. Opladen: Barbara Budrich.

Jahoda, Marie/Lazarsfeld, Paul/Zeisel, Hans (1933): Die Arbeitslosen von Marienthal. Leipzig: Hirzel. (Frankfurt a. M.: Suhrkamp, 1980).

3. Methoden-Triangulation in der qualitativen Forschung

Wenn auf Triangulation Bezug genommen wird, ist damit in der Regel die methodische Triangulation gemeint. Schon in der Konzeption von Denzin wird dabei zwischen der Triangulation innerhalb einer Methode und die Triangulation verschiedener, eigenständiger Methoden unterschieden. Im Folgenden soll zunächst die Umsetzung der erstgenannten Strategie an Beispielen erläutert werden, bevor im zweiten Teil die Triangulation verschiedener qualitativer Methoden behandelt wird. Für die methodeninterne Triangulation wird von Denzin (1970) die Verwendung mehrerer Subskalen in einem Fragebogen als Beispiel benannt.

3.1 Methodeninterne Triangulation am Beispiel des episodischen Interviews

Wenn man diesen Ansatz auf die qualitative Forschung überträgt, ist damit gemeint, dass innerhalb einer qualitativen Methode verschiedene methodische Zugänge kombiniert werden. Diese schließen unterschiedliche Zielsetzungen und theoretische Hintergründe ein, sprengen jedoch den Rahmen einer Methode nicht (vgl. Abb. 3-1).

Abbildung 3-1: Methodeninterne Triangulation

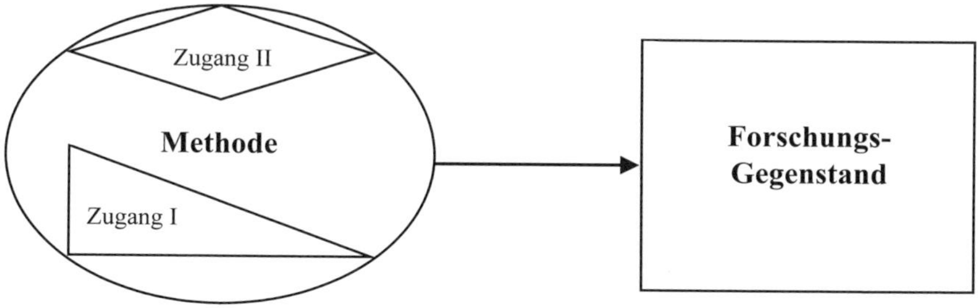

Je nach Verständnis der Begriffe „Methode" bzw. „methodischer Zugang" ließe sich an dieser Stelle auch die Ethnographie als Beispiel anführen (vgl. hierzu Kapitel 4). Hier soll Methode jedoch eher im Sinne eines Verfahrens verstanden werden, das unterschiedliche methodische Zugänge kombiniert. Als ein Beispiel für diese

Form der Triangulation wird im Folgenden ein Interview dargestellt, in dem zwei methodische Zugänge kombiniert werden. Das episodische Interview (vgl. Flick 1996, 2000, 2007) verbindet Fragen und Erzählungen in der Auseinandersetzung mit einem spezifischen Forschungsgegenstand – z.B. Alltagswissen über technischen Wandel (Flick 1996) oder Gesundheitsvorstellungen von Laien (Flick/Hoose/Sitta 1998; Flick/Röhnsch 2006; 2008) oder von Professionellen (Flick/Walter/Fischer/ Neuber/Schwartz 2004; Walter/Flick/Fischer/Neuber/Schwartz 2006).

3.2 Triangulation theoretischer Perspektiven innerhalb einer Methode

Die Methode wurde vor einem spezifischen theoretischen Hintergrund entwickelt, der sich an neueren Diskussionen und Erkenntnissen der Gedächtnis- und Wissenspsychologie orientiert. Darin wird zwischen narrativ-episodischem und begrifflich-semantischen Wissen unterschieden. Die erste Wissensform ist stärker auf Situationen, ihren Kontext und Ablauf orientiert. Die zweite Form abstrahiert von Situationen und Kontexten und orientiert auf Begriffe, Definitionen und Relationen. Die erste Form ist eher über Erzählungen zugänglich, die zweite eher über (argumentative) Aussagen. Erzählungen sind in stärkerem Maße kontextsensitiv für den Entstehungskontext von Erfahrungen als andere, etwa semantische Modelle des Wissens. Jedoch bilden sich aufgrund einer Vielzahl von ähnlichen, generalisierbaren Erfahrungen auch Wissensbestände, die von solchen Kontexten stärker abstrahieren, heraus – etwa in Form von Begriffs- und Regelwissen. Darin ist – eher als in den auf das Besondere zentrierten Erzählungen (Bruner 1990, 2002) – das Normale, Regelhafte, Routinisierte und damit das über eine Vielzahl von Situationen und Erfahrungen hinweg Verallgemeinerte repräsentiert, das dann im narrativen Wissen seine episodische Konkretisierung und Ausfüllung findet: „Regeln und Maximen stellen signifikante Verallgemeinerungen über Erfahrungen dar, aber Geschichten illustrieren und erklären, was diese Zusammenfassungen bedeuten" (Robinson/Hawpe 1986: 124). Diese abstrakteren Bestandteile des Wissens sind eher um begriffliche Bedeutungen und deren – semantische – Relationen untereinander gruppiert. Das soll nun nicht heißen, dass narratives Wissen *nicht* auf Bedeutungen abzielen würde. Vielmehr wird der Begriff des semantischen Wissens in Anlehnung an Modelle des semantischen Gedächtnisses schon längere Zeit verwendet und impliziert einen eher eingeschränkten Bedeutungsbegriff als beim narrativen Wissen zugrunde gelegt wird (Bruner 1990). Semantische Modelle des Wissens wurden in der Folge von Modellen des semantischen Gedächtnisses konzipiert. Letztere werden in der kognitionspsychologischen Gedächtnisforschung schon seit längerem untersucht. So gibt Tulving (1972: 386) die folgende Definition:

> Semantisches Gedächtnis ist das Gedächtnis, das für die Verwendung der Sprache notwendig ist. Es ist ein mentaler Thesaurus, organisiertes Wissen, das eine Person über Worte und andere verbale Symbole, ihre Bedeutung und Bezugspunkt, über Beziehungen zwischen ihnen und über Regeln, Formeln und Algorithmen für die Manipulation dieser Symbole, Begriffe und Beziehungen besitzt.

Wenn dieses Prinzip auf die verschiedenen Modelle des semantischen Wissens, die mit der Zeit entwickelt wurden, übertragen wird, lässt sich zusammenfassend festhalten:

> Trotz einer Reihe von Unterschieden gehen diese Systeme von einem gemeinsamen Grundgedanken aus: Das darzustellende Wissen wird in Sinneinheiten (sog. Propositionen) zerlegt. Diese bestehen aus Begriffen, die miteinander durch semantische Relationen verbunden sind. Diese Propositionen sind ihrerseits wieder durch bestimmte Relationen zu einem integrierten Ganzen verknüpft, das die betreffende Wissensstruktur repräsentiert (Schnotz 1994: 221-222).

Seit einiger Zeit beginnt sich jedoch die Ansicht durchzusetzen (etwa bei Strube 1989), dass semantisch-begriffliches Wissen – ähnlich wie im Gedächtnis – durch episodische Anteile ergänzt wird. Ausgangspunkt dafür ist Tulvings (1972) Gegenüberstellung des semantischen und des episodischen Gedächtnisses, in dem neben Begriffen auch Erinnerungen an konkrete Situationen enthalten sind. Dabei ist – analog zu dem weiter oben bereits Festgehaltenen – zunächst zu unterstreichen:

> Dem Gegensatzpaar ‚semantisch-episodisch' zum Trotz ist das Episodische keineswegs sinnlos. Im Gegenteil ist festzuhalten, daß mit persönlichen Erinnerungen gerade das (zumindest subjektiv) Bedeutsamste den Kern des Episodischen ausmacht (Strube 1989: 13).

Zentral für die Konzeption eines episodischen Gedächtnisses bzw. Wissens ist, dass jeweils nicht Begriffe und ihre Relationen untereinander die inhaltliche Basis bilden, sondern die Erinnerung an bestimmte Situationen, Ereignisse oder Fälle aus der eigenen Erfahrung:

> Eine engere Auffassung versteht als Inhalt des episodischen Gedächtnisses vorwiegend autobiographische Erinnerungen; (...) Gemeinsam ist in jedem Fall die Repräsentation spezifischer Umstände, vor allem des Ortes und der Zeit von Ereignissen, als Charakteristikum des episodischen im Verhältnis zum semantischen Gedächtnis (1989: 12).

Das heißt, ein zentraler Bestandteil von Wissen und Gedächtnis sind nach diesem Ansatz konkrete Situationen mit ihren Bestandteilen – Ort, Zeit, Geschehen, Beteiligte etc. Hinsichtlich der Inhalte episodischen Wissens schlägt Strube vor,

> episodisches Wissen (...) als Inhalt des episodischen Gedächtnisses zu fassen, dann aber einen möglichst weiten Begriff des episodischen Gedächtnisses zu verwenden und dieses nicht auf autobiographisches Gedächtnis zu verengen (1989: 17).

Auf diesem Situationswissen im episodischen Wissen bzw. Gedächtnis basiert dann „die Generalisierung über konkrete Ereignisse hinweg, die durch Dekontextualisierung aus episodischem Wissen allgemeines Wissen erzeugt, das der Erinnerung an Zeit und Ort verlustig gegangen ist“ (1989: 12). Allgemeines Erfahrungswissen basiert auf der Generalisierung von Wissen, das zunächst situationsbezogen erworben und gespeichert wurde und durch die Übertragung auf andere, vergleichbare Situationen und Erfahrungen bzw. über den Vergleich mit diesen seine situative Spezifität verloren hat, wobei sich allgemeine Begriffe und Regeln ihres Zusammenhanges herausgebildet haben. Beide Formen des Wissens bilden zusammen und einander ergänzend das „Weltwissen“ über einen bestimmten thematischen Bereich:

> Episodisches Wissen ist Teil des Weltwissens, dessen anderer, dem semantischen Gedächtnis entsprechender Teil das allgemeine (nicht konkret situativ verankerte) Wissen ist, das konzeptuelle Wissen beispielsweise, das Regelwissen, das Wissen um Ereignisschemata (1989: 13).

Das heißt, „Weltwissen“ setzt sich aus verschiedenen Bestandteilen zusammen: eindeutig episodische Anteile mit Bezug auf bestimmte Situationen mit ihren konkreten (räumlich-zeitlichen etc.) Bestandteilen, eindeutig semantische Anteile mit von solchen konkreten Situationen abstrahierten Begrifflichkeiten und Zusammenhangsannahmen sowie graduelle Misch- bzw. Übergangsformen mit z.B. von konkreten Situationen gelösten Ereignis- und Ablaufschemata.

Entsprechend dieser Gegenüberstellung von konkret-episodischem und abstrakt-begrifflichem Wissen gewinnt die Auseinandersetzung mit Modellen solcher konkreten Wissensspeicherung, aber auch Bedeutungszuschreibung, über episodisches Wissen, ihre allgemeinere Relevanz:

> … dass die Erzählung ein Schema darstellt, mittels dessen Menschen ihren Erfahrungen der Zeitlichkeit und persönlichen Handlungen Bedeutung verleihen. Narrative Bedeutung funktioniert, um dem Verständnis des Zwecks des Lebens eine Form zu verleihen und um Alltagshandlungen und -ereignisse zu episodischen Einheiten zu verknüpfen (Polkinghorne 1988: 11).

Die Auseinandersetzung mit Wissen, das auf Situationen bzw. Episoden bezogen ist, erhält in diesem Zusammenhang besondere Bedeutung.

3.3 Verschiedene Zugänge innerhalb einer Methode

Die hier angesprochenen Bereiche des Alltagswissens werden in Interviews mehr oder minder systematisch erfasst. Einerseits werden auch in Leitfadeninterviews Erzählungen des Interviewten als ein Element mit aufgenommen (z.B. im problemzentrierten Interview von Witzel 1982). Im Zweifelsfalle, nämlich wenn sie unergiebig sind, werden sie dem Leitfaden jedoch untergeordnet. Allgemeiner hat

Mishler (1986: 235) untersucht, was passiert, wenn Interviewpartner in Leitfaden-Interviews zu erzählen beginnen, wie mit solchen Erzählungen umgegangen wird und wie diese in Interviews eher unterdrückt als aufgegriffen werden. Andererseits lassen sich im narrativen Interview von Schütze (1977, 1983) im Rahmen der Haupterzählung des Interviewpartners häufig auch nicht-narrative, sondern eher beschreibende oder argumentative Darstellungsformen ausmachen. Sie werden gezielter jedoch nur im abschließenden Bilanzierungsteil angesprochen, im Rahmen einer Erzählung sind sie eher Abweichungen vom Idealfall. Jedoch legt der Ansatz der methodeninternen Triangulation eine systematische Nutzung beider Wissensbereiche und eine gezielte Verbindung von Zugängen zu beiden Wissensbereichen nahe. Entsprechend diesen Zielsetzungen soll das episodische Interview als Erhebungsverfahren die in der folgenden Übersicht (vgl. Abb. 3-2) skizzierten Bestandteile des Alltagswissens berücksichtigen und erfassen.

Abbildung 3-2: Wissensbereiche des Alltagswissens im episodischen Interview

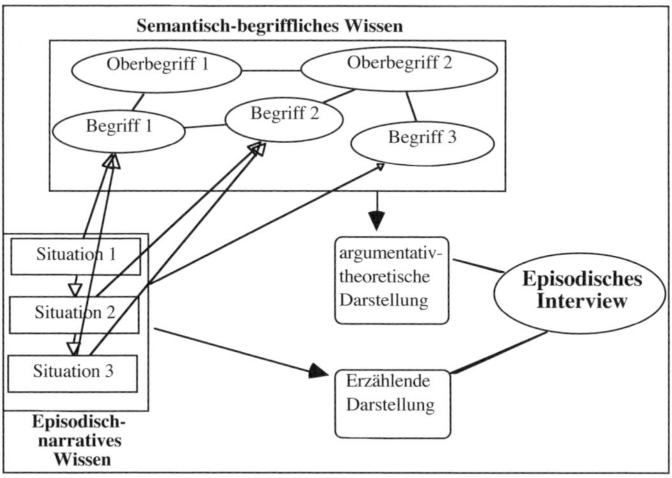

Zentraler Ansatzpunkt dieser Interviewform ist die regelmäßige Aufforderung, Situationen[4] zu erzählen (z.B. „Wenn Sie sich einmal zurückerinnern, was war Ihre erste Begegnung mit dem Fernsehen? Könnten Sie mir die entsprechende Situation erzählen?“). Dabei können auch Ketten von Situationen angesprochen werden

4 Die folgenden Beispielfragen und Interviewausschnitte sind aus Flick (1996) und Flick et al. (2004) übernommen (vgl. auch weiter unten Pt. 3.5).

(„Erzählen Sie mir doch bitte einmal Ihren gestrigen Tagesablauf und wo und wann Technik darin eine Rolle gespielt hat?“). Zur Orientierung über die thematischen Bereichen, zu denen solche Erzählungen erbeten werden sollen, wird ein Leitfaden erstellt. Um den Interviewpartner mit der Interviewform vertraut zu machen, wird zunächst das Grundprinzip des episodischen Interviews einführend erläutert (z.B.: „In diesem Interview werde ich Sie immer wieder bitten, mir Situationen zu erzählen, in denen Sie bestimmte Erfahrungen mit Technik allgemein oder mit spezifischen Techniken gemacht haben“). Ein weiterer Aspekt sind Phantasien hinsichtlich erwarteter oder befürchteter Veränderungen („Welche Entwicklung erwarten Sie im Bereich der Computer in nächster Zeit? Phantasieren Sie doch mal entsprechende Situationen, an der diese Entwicklung deutlich wird?“). Neben solchen Erzählaufforderungen bilden Fragen nach subjektiven Definitionen („Was verbinden Sie heute mit dem Wort ‚Fernsehen‘“?) und nach abstrakteren Zusammenhängen („Bei wem sollte Ihrer Meinung nach die Verantwortung für Veränderungen durch Technik liegen, wer kann bzw. soll sie übernehmen?“) den zweiten großen Komplex, der auf die semantischen Anteile des Wissens abzielt.

Den Aufbau und das Prinzip des episodischen Interviews soll der Leitfaden für die Untersuchung von Gesundheitsvorstellungen von Ärzten und Pflegekräften (vgl. Flick et al. 2004) verdeutlichen. Der Interviewleitfaden umfasst drei große Komplexe:

- Fragen zum Gesundheitskonzept und darauf bezogene Erzählanreize,
- Fragen und Erzählaufforderungen zu Gesundheit im Alter und
- Fragen und Erzählanreize zu Prävention und Gesundheitsförderung.

Der Fragenkomplex zum Gesundheitskonzept enthält Fragen zu den subjektiven Konzepten der Ärzte und Pflegekräfte zur Gesundheit und ihrer Relevanz für die professionelle Arbeit sowie darauf bezogene Erzählanreize. Aufschlussreich sind dabei zum einen die konkret erzählten Situationen, aber auch die Selektion aus der Vielzahl möglicher Situationsbeschreibungen, da sie verdeutlichen, aufgrund welcher Ereignisse Gesundheitsvorstellungen entstanden bzw. sich verändert haben. Dabei wird unterstellt, dass Gesundheitsvorstellungen und auch der Umgang mit Gesundheit sich im Laufe des Lebens verändern, da beides eine biographische Komponente hat und durch bestimmte private (z.B. Krankheitserfahrungen) oder berufliche Erfahrungen (z.B. mit bestimmten Patienten, durch Fortbildungen) modifiziert werden. Weiterhin soll der Zusammenhang zwischen dem subjektiven Gesundheitskonzept und -handeln und dem professionellen Umgang mit dem Thema erhoben werden. Eine Annahme hinter dieser Frage ist, dass das Thema „Gesundheit“ weniger als etwa „Krankheit“ eine Distanzierung der eigenen Person von dem eigenen professionellen Handeln ermöglicht.

Kasten 3-1: Beispiel eines Leitfadens für ein episodisches Interview

Interviewleitfaden

Gesundheits- und Alterskonzepte

In diesem Interview werde ich Sie wiederholt bitten, mir Situationen zu schildern, in denen Sie Erfahrungen mit den Themen „Gesundheit“ und „Alter“ gemacht haben.

S-1	Was ist das für Sie, „Gesundheit“? Was verbinden Sie mit dem Wort „Gesundheit“?
E-2	Wodurch wurden Ihre Vorstellungen von Gesundheit besonders beeinflusst? Können Sie mir bitte ein Beispiel erzählen, an dem dies deutlich wird?
E-3	Haben Sie den Eindruck, dass sich Ihre Vorstellung von Gesundheit im Laufe Ihres Berufslebens gewandelt hat? Bitte erzählen Sie mir bitte eine Situation.
E-4	Haben Sie den Eindruck, dass sich Ihr Umgang mit Gesundheit gegenüber früher verändert hat? Erzählen Sie mir bitte eine Situation, wodurch dies deutlich wird.
E-5	Haben Sie das Gefühl, dass Ihr privater Umgang mit Gesundheit Ihr berufliches Handeln beeinflusst? Erzählen Sie mir bitte ein Beispiel, wodurch es mir deutlich wird.
E-6	Was beinhaltet für Sie in Ihrer beruflichen Tätigkeit, Gesundheit zu fördern? Können Sie mir dazu bitte ein Beispiel nennen, an dem sich das festmacht.
E-7	Hat sich Ihre berufliche Tätigkeit in den letzten Jahren in Bezug auf die Förderung von Gesundheit verändert? Können Sie dies bitte anhand eines Beispiels erzählen.
E-8	Können Sie mir bitte Ihren gestrigen Tagesablauf erzählen; Wie, wann und wo hat die Förderung von Gesundheit eine Rolle gespielt?
S-9	Was bedeutet „Alter“ für Sie? Welche Assoziationen haben Sie?
E-10	Welche Rolle spielt „Alter“ in Ihrem Leben? Können Sie mir bitte eine typische Situation erzählen?
E-11	Wenn Sie zurückdenken, was war Ihre wichtigste Erfahrung mit „Alter“ in Ihrem Berufsleben? Können Sie mir bitte eine Situation erzählen?
E-12	Haben Sie den Eindruck, dass sich Ihre Vorstellung von „Alter“ im Laufe Ihres Berufslebens gewandelt hat? Können Sie mir bitte ein Beispiel erzählen, in dem dies deutlich wird.
E-13	Woran machen Sie in Ihrem beruflichen Alltag fest, dass ein Mensch alt ist? Können Sie das bitte anhand eines Beispiels erzählen.
S-14	Was bedeutet für Sie „Gesundheit im Alter“? Gilt dies auch für Hochbetagte?
E-15	Haben Sie den Eindruck, Ihre Ausbildung hat Sie ausreichend auf die Themen „Gesundheit“ und „Alter“ vorbereitet? Können Sie Ihren Eindruck an einem Beispiel verdeutlichen, dass Sie mir erzählen können?
S-16	Wenn Sie an die Förderung von Gesundheit und Rehabilitation in Ihrem Beruf denken, welchen Stellenwert sollten diese für alte Menschen haben?
S-17	Welche Entwicklung erwarten Sie in der ambulanten Versorgung von alten Menschen?
S-18	Haben Sie etwas in dem Interview vermisst oder haben Sie etwas als störend empfunden?

Der zweite Komplex von Fragen und Erzählanreizen fokussiert die Förderung der Gesundheit. Er zielt auf das Verständnis der Professionellen und den Anteil an Prävention und Gesundheitsförderung in ihrer täglichen Praxis. Zum einen soll der Stellenwert von Gesundheitsförderung im beruflichen Alltag des Arztes bzw. der Pflegekraft ermittelt, zum anderen sollte erhoben werden, inwieweit die Diskussionen und Ergebnisse aus den aktuellen Diskussionen um Public Health und Prävention bzw. Gesundheitsförderung in das ärztliche bzw. pflegerische Handeln eingeflossen sind.

Der dritte Fragenkomplex widmet sich der Vorstellung von Gesundheit im Alter und der Frage der Einstellung gegenüber Prävention und Gesundheitsförderung in der Versorgung von alten Menschen. Aufgenommen wurde auch die Einschätzung der eigenen Ausbildung im Hinblick auf spätere berufliche Konfrontation mit Gesundheit und Alter.

In der exemplarischen Wiedergabe von Ausschnitten des Leitfadens (siehe Kasten 3-1) sind die vor allem auf episodisches Wissen zielenden Erzählaufforderungen mit E-1 etc., die eher auf semantisches Wissen gerichteten Fragen mit S-2 etc. gekennzeichnet. Bei der Anwendung dieses Leitfadens erhält man einerseits Konzepte in Form von Definitionen (in diesem Falle von Gesundheit) wie im Folgenden Beispiel:

I: Was ist das für Sie, „Gesundheit"? Was verbinden Sie mit dem Wort „Gesundheit"?

IP: Mit dem Wort Gesundheit, ja, (verbinde ich, d. Verf.) eigentlich 'ne ganze Menge, nicht nur frei von Krankheit, sondern ein Sich-Rundum-Wohlfühlen. Das eben nicht nur in physiologischer Hinsicht, sondern auch sich seelisch wohl fühlen, sich sozial, also in dem sozialen Rahmen, in dem man lebt, wohl fühlen. Und so weiter. (...) Ja, ja, man kann vielleicht auch noch sagen, frei von finanziellen Sorgen, was sicherlich auch mit dazu gehört, weil finanzielle Sorgen auch krank machen.

Andererseits liefern die Interviews Erzählungen – etwa darüber, wie Veränderungen ausgelöst wurden:

I: Wodurch wurden Ihre Vorstellungen von Gesundheit besonders beeinflusst? Können Sie mir bitte ein Beispiel erzählen, an dem dies deutlich wird?

IP: Es gibt eigentlich ganz viele Beispiele. Also beeinflusst, meine persönliche Meinung ist einfach dadurch beeinflusst, dass unsere Kinder, wir haben drei Kinder, und die beiden Großen, als die geboren wurden, das war vor neunzehn Jahren und achtzehn, siebzehn Jahren, beide sehr schwer krank waren. Bei unserem Sohn, dem älteren, wussten wir auch nicht, ob der die erste Nacht überlebt. Und da hatte ich so das Gefühl, dass in mir so ein Schalter umgegangen ist, ja? Also umgeschaltet wurde. Und bis dahin brauchte ich immer sehr viel formelle Sicherheit, räumliche Sicherheit, finanzielle Sicherheit, und das war von dem Tag an, als die Entscheidung so in der Luft hing, überhaupt völlig unwichtig geworden. Und damals hab ich dann auch angefangen, also so mein eigenes Verhältnis zur

> Schulmedizin zu entwickeln. Ich hab ja eine klassisch schulmedizinische Ausbildung und hab dann aber angefangen, viele Sachen innerhalb der Familie erst mal anders zu regeln, also über Gespräche, über Physiotherapie, über Akupunktur, Ozonsauerstofftherapie. Und als das dann relativ gut funktionierte, hab ich das auch auf Patienten auch angewandt.

Schließlich finden sich Mischformen aus Definitionen und Erzählungen, wie die Interviewpartnerin diese Definition entwickelt hat, was dabei eine Rolle gespielt hat:

> I: Was ist das für Sie, „Gesundheit"? Was verbinden Sie mit dem Wort „Gesundheit"?
>
> IP: Gesundheit ist relativ, denke ich. Gesund kann auch jemand sein, der alt ist und 'ne Behinderung hat und kann sich trotzdem gesund fühlen. Also früher hätte ich, bevor ich in die Gemeinde gegangen bin, immer gesagt, gesund ist jemand, der in einem sehr geordneten Haushalt lebt und wo alles korrekt und supergenau ist und, ich sag mal, absolut sauber. Dessen bin ich belehrt worden, als ich angefangen hab in der Gemeinde zu arbeiten, das war 1981, ich war früher Krankenschwester in der (NAME DER KLINIK) gewesen auf der Intensiv und kam also mit völlig anderen Vorstellungen hierher. Und musste damit erst mal lernen umzugehen, dass jemand eben in seiner Häuslichkeit so angenommen wird, wie er ist. Und deswegen, denk ich, ist Gesundheit- kommt immer darauf an, wie jeder selbst sich fühlt. Ne, also es kann jemand 'ne Krankheit haben und trotzdem sich gesund fühlen, das denk ich schon, dass das so ist.

Hinsichtlich der Situationen, die im episodischen Interview erzählt werden, lassen sich wiederum verschiedene Typen unterscheiden, wie die folgenden Beispiele aus der Untersuchung der Vorstellungen zum technischen Wandel im Alltag (vgl. Flick 1996) zeigen sollen: Zunächst lassen sich Episoden finden. Konkrete Situationen, ein bestimmtes Ereignis, das der Interviewpartner (IP) erlebt hat, werden erzählt bzw. angesprochen:

> I: Wenn Sie sich zurückerinnern, was war Ihre erste Erfahrung mit Technik? Könnten Sie mir bitte diese Situation erzählen?
>
> IP: Also erinnern kann ich mich (...) an den Tag, wo ich Radfahren gelernt hab. (...) Da 'ham mich meine Eltern auf's Fahrrad gesetzt so'n kleines Kinderfahrrad (...) 'ham mich los geschickt, glaub zuerst mit Stützrädern (...), aber war wohl nicht so lange und dann bin ich auch selber gefahren, mein Vater hat mich angeschubst und hat dann irgendwann losgelassen, dann bin ich immer weiter gefahren, bis der Parkplatz zu ende war und dann bin ich auf die Schnauze geflogen. (...) Ich glaube, (...) also das ist das erste Erlebnis an dem das ich mich erinnern kann.

Darüber hinaus werden sog. ‚Repisoden[5]', d.h. regelmäßig wiederkehrende Situationen, die der Interviewpartner erlebt, erzählt bzw. angesprochen:

5 Vgl. hierzu die Überlegungen von Neisser (1981), der zwischen episodischem und semantischem Gedächtnis solche Bestandteile ansiedelt, die auf regelmäßig wiederkehrenden Situationsabläufen und Handlungsweisen basieren und deshalb als „representations of repeated episodes", kurz: „repisodes" bezeichnet werden.

I: Welche Rolle spielt das Fernsehen heute in Ihrem Leben? Könnten Sie mir mal eine Situation erzählen, an der dies deutlich wird?

IP: .... wirklich das Einzige, wo Fernsehen für mich 'ne Bedeutung hat, ist meistens Neujahrstag, weil ich da so erschossen bin, dass ich nichts anderes tun kann, als fernsehen, also das tu ich auch traditionell schon seit Jahren, den Neujahrestag vor'm Fernseher verbringen.

Schließlich wird gelegentlich auch auf historische Situationen Bezug genommen:

I: Was war Ihre bedeutsamste Erfahrung oder Begegnung mit Technik? Könnten Sie bitte mir diese Situation erzählen?

IP: Wahrscheinlich (...) das, äh die Reaktorkatastrophe von Tschernobyl, (...) weil das doch ziemlich entscheidend in, in des Leben von, von vielen Menschen eingegriffen hat, (...) ja mir das erste Mal klar geworden ist, wie, wie ausgeliefert man Technik ist.

3.4 Triangulation von Datensorten

Im episodischen Interview werden durch die unterschiedlichen Fragetypen von vornherein unterschiedliche Datensorten (Erzählungen, Argumentationen, Begriffsexplikationen etc.) angestrebt und miteinander trianguliert. Ähnlich wie in vergleichbaren Interviewtypen entsprechen die Daten, die bei seiner Anwendung entstehen, nicht in jedem Fall und immer der idealtypisch mit den jeweiligen Fragen bzw. Aufforderungen angestrebten Datensorte „Situationserzählung". Auch im narrativen Interview fließen neben Erzählungen in der gewünschten Form auch Beschreibungen und argumentative Passagen ein, die dort im ersten Schritt der Auswertung aus dem weiter verwendeten Material ausgeschlossen werden (Schütze 1983). Dieses Einfließen kann mit der (fehlerhaften) Anwendung des Interviewtyps durch den Interviewer, aber auch mit bewussten und/oder unbewussten Strategien des Interviewten zusammenhängen. Entsprechend werden dort auch solche anderen Datensorten von narrativen Teilen getrennt analysiert, da dabei davon ausgegangen wird, dass über Argumentationen und Beschreibungen die Sicht auf tatsächliche Erfahrungen und auf die subjektive Sichtweise des Interviewten eher verstellt wird (vgl. Schütze 1983). Auch im fokussierten Interview von Merton und Kendall (1979) entspricht der Grad der Fokussierung der erhaltenen Daten aus ähnlichen wie den gerade skizzierten Gründen nicht immer dem angestrebten Ideal.

Im episodischen Interview werden auf die entsprechende Aufforderung hin erfahrungsgemäß nicht nur die bereits skizzierten Situationstypen präsentiert. Vielmehr präsentieren die Interviewpartner (z.B. in der erwähnten Studie zu technischem Wandel im Alltag) häufig auch andere Datensorten, die im Folgenden skizziert und dabei in ihrem Stellenwert diskutiert werden sollen. Dabei handelt es sich um:

- die erbetenen *Situationserzählungen* im oben skizzierten Sinne auf verschiedenen Niveaus und Konkretisierungsebenen;
- die bereits skizzierten *„Repisoden"* als regelmäßig wiederkehrende Situationen, die nicht mehr auf einem eindeutigen räumlich-zeitlichen Bezug basieren;
- von konkreten Situationen abstrahierte Beispielsschilderungen, Metaphern, bis hin zu Klischees und Stereotypen[6];
- die ebenfalls erbetenen *subjektiven Definitionen* (von Technik, von bestimmten technischen Geräten, von Gesundheit, von Alter etc.);
- damit verbunden: *argumentativ-theoretische Aussagen*, z.B. Explikationen von Begriffen und ihren Zusammenhängen untereinander.

Das episodische Interview produziert Datensorten, die auf unterschiedlichen Niveaus der Konkretheit und des Bezugs zum interviewten Individuum angesiedelt sind. Zum Vergleich: das narrative Interview zielt explizit auf die subjektive Sichtweise des erzählenden Subjekts ab und will dieser möglichst nahe kommen. Deshalb wird dort der Wechsel aus der Erzählung in die Argumentation auch als eine Art Abwehrstrategie des Interviewten gegen zu starken Selbstbezug des zu Erzählenden gedeutet und hinsichtlich der Validität dieser Daten skeptisch betrachtet. Dagegen zielt das episodische Interview auf soziale Repräsentationen (Flick 1995) und damit auf eine Mischform zwischen individuellem und sozialem Denken und Wissen ab. Im episodischen Interview sind Wechsel zwischen Erzählungen eigenerlebter Situationen und allgemeineren Beispielen und Illustrationen, wenn sie – trotz der Aufforderung zur Erzählung von Situationen – erfolgen, nicht als Verlust an Authentizität oder Validität (wie im narrativen Interview), sondern als zusätzliche Abrundung der Vielfalt der Datensorten, aus denen sich soziale Repräsentatio-

6 Im folgenden Interviewausschnitt wird eher eine Beispielschilderung oder ein Stereotyp als eine konkrete Situation angeboten:

I: Denken Sie da an 'ne spezifische Situation?

IP: Na doch, weil ich sehe, wie zunehmend eine Vereinsamung eintritt, dass Kinder jetzt nur noch am Computer sitzen, dass sie nicht mehr miteinander umgehen können, dass kein Gespräch in der Familie mehr kommt, wenn so was eh, überhand nimmt, dann erscheint mir das gefährlich.

nen zusammensetzen, zu sehen. Somit können episodische Interviews die in Abbildung 3-3 skizzierten Datensorten enthalten.

Abbildung 3-3: Datensorten im episodischen Interview

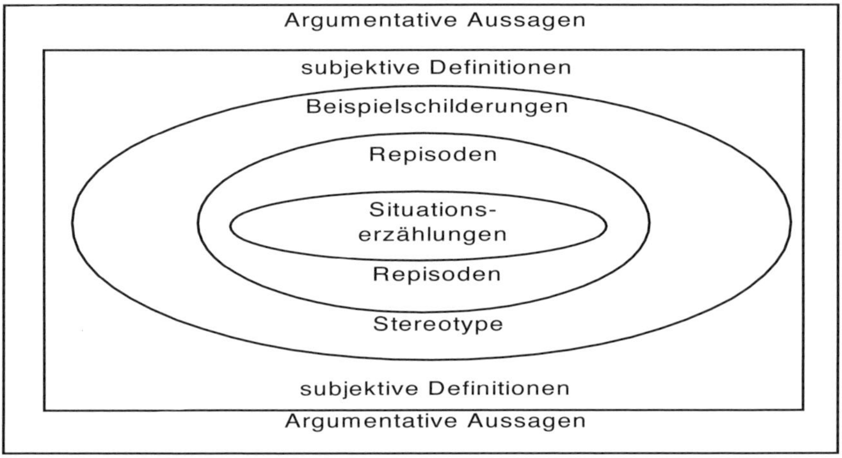

Damit basiert das episodische Interview auf der Triangulation auf verschiedenen Ebenen: Unterschiedliche theoretische Perspektiven werden miteinander verknüpft, ebenso wie daraus jeweils resultierende methodische Zugänge, die schließlich zu verschiedenen Datensorten führen.

3.5 Beispiele für die Anwendung methodeninterner Triangulation

Im Folgenden sollen kurz zwei Beispiele der Anwendung dieser Strategie methodeninterner Triangulation behandelt werden, auf die bereits im vorangegangenen Abschnitt Bezug genommen wurde. Die Studie „Gesundheits- und Alterskonzepte von Ärzten und Pflegekräften in der ambulanten Versorgung älterer Menschen" (vgl. Flick et al. 2004) untersucht Inhalte, Stellenwert und ggf. Veränderungen sowohl der Gesundheits- als auch der Alterskonzepte von Hausärzten und ambulanten Pflegekräften in zwei deutschen Großstädten. Die Studie soll auch Aufschluss darüber geben, inwieweit Gesundheit als Leitvorstellung professionellen Handelns in das berufsbezogene Alltagswissen von Hausärzten und Pflegekräften eingeflossen ist.

Hauptfragestellungen sind:

- Welche Gesundheitskonzepte haben Ärzte und Pflegekräfte?

- Welche Dimensionen von Gesundheitsvorstellungen sind für die professionelle Arbeit in der Versorgung alter Menschen relevant?
- Welche Einstellung weisen diese Professionellen bezüglich Prävention und Gesundheitsförderung – insbesondere auch bei Alten und Hochbetagten – auf?
- Welche Konzepte über das Altern und das hohe Alter haben Ärzte und Pflegekräfte in der ambulanten Versorgung?
- Welche Bedeutung wird den eigenen subjektiven Konzepten von Gesundheit und Alter(n) für das professionelle Handeln zugeschrieben?
- Inwieweit besteht ein Zusammenhang zwischen den Gesundheits- und Alterskonzepten und der Ausbildung sowie Berufserfahrung?

Dazu wurden mit 32 niedergelassenen Allgemeinmedizinern, praktischen Ärzten und hausärztlich tätigen Internisten sowie 32 ambulanten Pflegekräften episodische Interviews geführt. Darüber hinaus wurden mit einem Kurzfragebogen soziodemographische Variablen und strukturelle Daten (Ausbildung, Berufserfahrung, Praxis-/Einrichtungsgröße etc.) erhoben. Die Analyse der Interviews zeigt:

Die subjektiven Gesundheitskonzepte der Ärzte und Pflegekräfte sind mehrdimensional, beziehen sich auf das körperlich-seelische Wohlbefinden und orientieren sich an der WHO-Definition – z.T. von den Ärzten auch in Abgrenzung. Gesundheit wird von beiden Berufsgruppen nicht als bloße Abwesenheit von Krankheit definiert, sondern als Kontinuum betrachtet. Daran wird deutlich, dass Inhalte von Public Health und New Public Health Einzug in die Vorstellungen der Professionen in ihr begrifflich-semantisches Wissen gehalten haben. Gleichzeitig haben die beiden Berufsgruppen jedoch nicht nur ein professionelles Gesundheitskonzept. Es hat sich vielmehr in ihren Situations- und Beispielerzählungen gezeigt, dass die Gesundheitsvorstellungen stark durch persönliche und berufliche Erfahrungen wie Konfrontation mit Krankheit beeinflusst sind. Das Erleben von eigenen Krankheiten und Beschwerden lässt sie verständnisvoller, empathischer und engagierter im Umgang mit Patienten werden. Ihre Ausbildung hat für beide Berufsgruppen keinen maßgeblichen Einfluss auf ihre Gesundheitskonzepte. Sowohl bei Ärzten als auch für Pflegekräfte wird ein Wandel ihrer Vorstellungen von Gesundheit dahingehend deutlich, dass eine Konkretisierung und Differenzierung stattgefunden hat.

Ein Wandel wird nicht nur bei den Gesundheitsvorstellungen beschrieben, sondern auch beim privaten und beruflichen Umgang mit Gesundheit. Diese Veränderungen werden privat beeinflusst bspw. durch das eigene Älterwerden. Ein Wandel im beruflichen Umgang mit Gesundheit wird bei den Pflegekräften vor allem durch einen Wechsel von der stationären in die häusliche Pflege, bei den

Ärzten durch Grenzen der medizinischen Behandlungsmöglichkeiten ausgelöst. Sowohl die Ärzte als auch die Pflegekräfte berichten als Konsequenz von einem stärkeren Einbezug sozialer und seelischer Aspekte bei der Behandlung und Pflege.

Stark unterschiedlich beschreiben die Ärzte und Pflegekräfte den privaten Umgang mit Gesundheit: Viele Ärzte schildern sich als sehr gesundheitsbewusst, während Pflegekräfte sich mehrheitlich als nicht gesundheitsförderlich verhaltend beschreiben. Dies könnte eine Erklärung dafür sein, dass die Ärzte den Einfluss des privaten Umgangs mit Gesundheit auf das berufliche Handeln bestätigen, wogegen die Pflegekräfte Privatleben und Beruf trennen.

Die Altersbilder der Ärzte und Pflegekräfte sind mehrheitlich differenziert und umfassen sowohl negative als auch positive Aspekte, die sich auf die körperliche und geistige sowie die Lebenssituation beziehen. Die Vorstellungen der beiden Professionen von Alter werden fast ausschließlich mit Hochbetagten in Verbindung gebracht. Somit verschiebt sich die Wahrnehmung von Alter auf die Gruppe der über 85-Jährigen. Auffällig ist, dass kaum positive körperliche Assoziationen genannt werden. Gleichzeitig zeigt sich eine gewisse Indifferenz in den Altersbildern beider Professionen, die sich auch in der Schwierigkeit widerspiegelt, Alter zu definieren. Weder Ärzte noch Pflegekräfte orientieren sich in ihrer Altersdefinition am kalendarischen Alter. Sie benennen subjektive Kriterien für Alter (z.B. geistiger und körperlicher Verfall, Verstärkung bestimmter negativer Eigenschaften), die vermehrt defizitorientiert sind. Beide Professionen berichten jedoch von einer Vielzahl von Patientenbeispielen, die diese defizitären Kriterien nicht erfüllen – allerdings werden diese Menschen nicht als alt wahrgenommen. Zum Teil wird Alter als Ausdruck der Lebensform und Einstellung definiert: „Man ist so alt, wie man sich fühlt und gibt"Alter spielt im Privatleben der Ärzte und Pflegekräfte eine Rolle, indem beide Professionen das eigene Älterwerden verbunden mit Einschränkungen und Beschwerden thematisieren oder über ältere Angehörige sprechen. Gefragt nach den wichtigsten Alterserfahrungen im Berufsleben benennen Ärzte und Pflegekräfte eine Vielzahl an positiven Patientenbeispielen. Ferner berichten sie über Erlebnisse mit Tod bzw. Sterben. Auffällig ist, dass die Interviewten kaum Konsequenzen aus den Erfahrungen des Privat- und Berufslebens für ihr Handeln ziehen und sich nicht aktiv auf das Alter vorbereiten.

Sowohl Ärzte als auch Pflegekräfte beschreiben einen Wandel ihrer Altersbilder, ausgelöst durch persönliche oder berufliche Erfahrungen. Des Weiteren schildern sie gesellschaftliche Veränderungen. Durch diese Erfahrungen sind ihre Altersbilder facettenreicher und differenzierter geworden (vgl. Walter/Flick/Fischer/Neuber/Schwartz 2006).

Dabei zeigen sich z.T. deutliche Unterschiede zwischen den konzeptuellen Vorstellungen von Gesundheit oder Alter (auf der Ebene des begrifflich-semantischen Wissens) zu den in den Beispielen und Situationserzählungen angesprochenen Handlungsweisen (auf der Ebene des episodisch-narrativen Wissens), die durch die Triangulation beider Zugänge (Frage-Antwort-Sequenzen und Erzählungen) deutlich werden.

3.6 Verschiedene qualitative Methoden

Die Verbindung verschiedener Methoden ist der Ansatz der Triangulation, der in der qualitativen Forschung die stärkste Aufmerksamkeit erfährt. Einerseits wird dies in einen Forschungsansatz eingebettet – Ethnographie (vgl. Kapitel 4) – andererseits ist damit die Verbindung qualitativer und quantitativer Methoden (vgl. Kapitel 5) gemeint. Darüber hinaus ist damit jedoch genereller die Verbindung verschiedener Methoden aus unterschiedlichen Forschungsansätzen, aber innerhalb der qualitativen Forschung bezeichnet (vgl. Abb. 3-4). Um diese Variante soll es im Folgenden gehen.

Abbildung 3-4: Triangulation verschiedener qualitativer Methoden

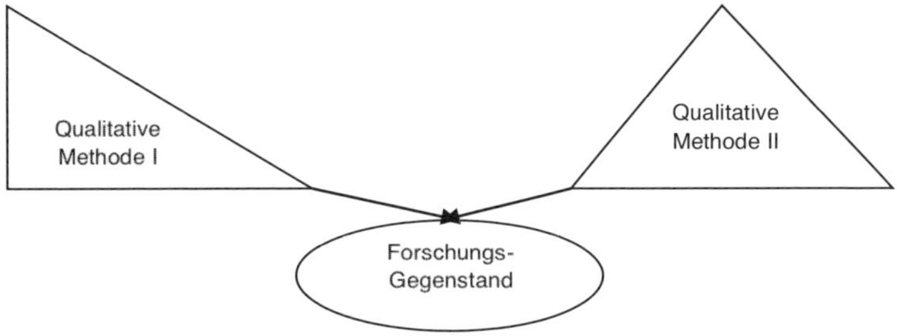

Auch hierbei ist zu unterscheiden, ob die Triangulation der Erkenntniserweiterung oder der ein- oder wechselseitigen Überprüfung von Ergebnissen dienen soll. Die Triangulation verschiedener Methoden sollte dabei an unterschiedlichen Perspektiven oder auf verschiedenen Ebenen ansetzen:

> What is important is to choose at least one method which is specifically suited to exploring the structural aspects of the problem and at least one which can capture the essential elements of its meaning to those involved (Fielding/Fielding 1986: 34).

Dies lässt sich realisieren durch die Kombination von Methoden, die einerseits das – Alltags-, Experten- oder biographische – Wissen von Untersuchungsteilnehmern fokussieren mit Methoden, die auf das beobachtbare – individuelle oder interaktive – Handeln der Untersuchten orientieren. Greift man diese Indikation der Triangulation auf, wird etwa die Kombination von narrativen und leitfadengestützten Interviews wie etwa bei Fabel und Tiefel (2003) dieser Zielsetzung nicht gerecht, da zwar unterschiedliche Aspekte des Wissens (eher subjektiv-biographische bzw. institutionenbezogene) erfasst werden, jedoch die Ebene der Datenerhebung der Einzelmethode nicht durch die zweite Methode überschritten bzw. gewechselt wird. Dies wäre etwa dann der Fall, wenn zu einem der Interviewverfahren als zweite Methode etwa Beobachtung oder Interaktionsanalyse hinzugezogen würde. Gruppenverfahren (Focusgroups, Gruppendiskussionen oder gemeinsames Erzählen) stellen durch den erweiterten interaktiven Kontext der Datenerhebung ebenfalls Methoden der Datenerhebung dar, die auf einer anderen Ebene als das Einzelinterview ansetzen. Ähnliches gilt für die Kombination von Photoanalyse und narrativen Interviews, die Haupert (1994) vorschlägt. In diesem Zusammenhang ergeben sich einige der später (vgl. Kap. 5 und 6) noch ausführlicher zu diskutierenden Probleme: Soll die Triangulation am Einzelfall ansetzen, sollen also alle Fälle mit den verschiedenen methodischen Zugängen untersucht werden, oder werden zwei Teilstudien durchgeführt, deren Ergebnisse dann mit einander verglichen bzw. kombiniert werden. Gleichermaßen stellt sich die Frage, ob die verschiedenen methodischen Zugänge parallel angewendet werden oder nach einander – bspw. die Interviews während oder nach Abschluss der Beobachtung durchgeführt werden.

3.7 Beispiele für die Triangulation qualitativer Methoden

Im Folgenden wird die Anwendung der Triangulation verschiedener qualitativer Methoden an verschiedenen Beispielen behandelt.

Interviews und Konversationsanalysen: Vertrauen in Beratung

Zunächst soll dies am Beispiel der in Kapitel 2 schon kurz erwähnten Untersuchung zu subjektiven Theorien von Beratern in Sozialpsychiatrischen Diensten zum Thema „Vertrauen in Beratung“ (Flick 1989) dargestellt werden. Dabei wurden insgesamt 15 Berater (Ärzte, Psychologen, Sozialarbeiter) in die Untersuchung einbezogen. Die methodologische Strategie der Untersuchung hat sich an der Entdeckung gegenstandsbegründeter Theorien im Feld (i.S. von Glaser/Strauss 1967) orientiert. Ein zentraler Aspekt, den ein solcher Entdeckungsprozess idealiter zutage fördern sollte, ist das Wissen der Beteiligten über das zu untersuchende Phänomen. Diesem Ziel dient hier die Rekonstruktion subjektiver Theorien (i.S. von Scheele/Groeben 1988). Dabei wird davon ausgegangen, dass Menschen im Alltag (oder ihrer beruflichen Praxis) Wissensbestände entwickeln, die ähnlich aufgebaut sind wie wissenschaftliche Theorien, jedoch teilweise implizit und zum Teil explizit bewusst sind. Die Forschungssituation macht die subjektive Theorie dann durch eine Rekonstruktion vollständig explizit.

Als zweiten Aspekt sollte der angesprochene Entdeckungsprozess die Herstellung von Vertrauen im beraterischen Handeln zum Gegenstand haben. Dies lässt sich über Prozessanalysen von Beratungen realisieren, die darüber hinaus Aufschlüsse über die Funktionalität des in Form subjektiver Theorien rekonstruierten Expertenwissens liefern können. Die Verknüpfung dieser beiden Perspektiven dient jedoch nicht dem Ziel einer Falsifikation der rekonstruierten subjektiven Theorien oder wechselseitigen Validierung der Ergebnisse beider Zugänge. Vielmehr soll die Triangulation unterschiedlicher methodischer (qualitativer) Zugänge das interessierende Phänomen in seiner Vielschichtigkeit aus unterschiedlichen Perspektiven erfassen. Um dieses Ziel zu realisieren, sollten die gewählten methodischen Zugänge innerhalb des Spektrums qualitativer Forschungsvielfalt unterschiedlichen Polen zuzuordnen sein. Nach Fielding/Fielding (1986) sollte eine solche Triangulation auf dem einen Wege die Bedeutung des Problems für die untersuchten Subjekte fokussieren. Diesem Zweck dient die Rekonstruktion subjektiver Theorien von Beratern. Auf dem anderen Wege sollte die Triangulation die strukturellen Aspekte des Problems analysieren, wozu hier die (Konversations-) Analyse von Beratungsgesprächen dienen soll.

Entsprechend werden in dieser Untersuchung zwei Perspektiven miteinander trianguliert: Einerseits wird eine subjektiv-intentionalistische, rekonstruktive Perspektive umgesetzt, die Strukturen im Subjekt sucht und darüber Bedeutung und Sinn eines Phänomens wie Vertrauen für die Subjekte in ihrem (beruflichen) Handeln und damit in ihrer Eigenwelt fokussiert. Dieses Ziel soll über die Rekonstruktion subjektiver Theorien realisiert werden. Andererseits wird eine strukturell-interaktionistische, interpretative Perspektive umgesetzt, die strukturelle Aspekte eines Phänomens wie Vertrauen als Teil sozialen Handelns fokussiert, indem Handlungen und Äußerungen der Beteiligten in sozial geprägte Interaktionsmuster eingeordnet werden. Darin wird beschrieben, welche Prozesse bei der Organisation von Gesprächen ablaufen, wie sich diese weniger aus der Sicht des Subjekts als „von außen" – d.h. von der Warte des interaktiven Prozesses aus betrachtet – begrifflich fassen lassen. Intentionen und Handlungen des Einzelnen (Beraters oder auch Klienten) werden dabei als nur aus dem Prozessablauf und der gemeinsamen Herstellung des Geschehens rekonstruierbare „accounts" in der Gemeinwelt der Subjekte gesehen. Dieses Ziel soll über die Interpretation von Beratungsgesprächen i.S. der ethnomethodologischen Konversationsanalyse realisiert werden.

Die skizzierten Triangulationsprozesse sind auf zwei Ebenen angesiedelt:

- Auf der Ebene des Einzelfalls bei der Analyse von Bezügen zwischen der subjektiven Theorie des Beraters und dem von ihm vorliegenden Beratungsgespräch wird nach Entsprechungen in der subjektiven Theorie für die Aufgaben und Handlungsnotwendigkeiten im Gesprächsverlauf und die dabei praktizierten Lösungen gesucht.
- Auf der Ebene der vergleichenden Analyse bei der verallgemeinernden Systematisierung solcher Bezugsmöglichkeiten und der Ableitung allgemeiner Analyseorientierungen für die Interpretation subjektiver Theorien aus der Regelhaftigkeit der Ergebnisse der Gesprächsanalysen. Wenn sich etwa aus der vergleichenden Analyse der vorliegenden Beratungsgespräche ergibt, dass in einem Kontext wie Sozialpsychiatrischen Diensten die Situation ‚Beratung' etwa i.S. des Theorems von Thomas (1923) erst hergestellt werden muss, damit das entsprechende Handlungsschema greifen kann, so sollte in den subjektiven Theorien nach der Repräsentation der kontextspezifisch-realtypischen Ausgangsbedingungen, der (herzustellenden) idealtypischen Beratungssituation und des dahin führenden Herstellungsprozesses gesucht werden.

Dabei werden die methodischen Zugänge folgendermaßen konkretisiert. Die subjektive Theorie des Beraters wird in einem leitfadengestützten Interview erfasst. Der Leitfaden richtet sich auf verschiedene thematische Bereiche wie die Definition von Vertrauen, das Verhältnis von Risiko und Kontrolle, Strategien, Informationen und Vorwissen, Gründe für Vertrauen, Bedeutung für psychosoziale Arbeit, institutionelle Rahmenbedingungen und Vertrauen. Dabei wurden u.a. die Fragen verwendet, die in Kasten 3-2 wiedergegeben sind.

Die Aussagen eines Befragten im entsprechenden Interview werden im Anschluss mit der sog. Struktur-Lege-Technik (Scheele/Groeben 1988) visualisiert, strukturiert (und kommunikativ validiert). Im Interview sind dann bspw. Aussagen enthalten wie: „Vertrauen wird erschwert, wenn der Kontakt um Klienten in einer Akutsituation zustande kommt und wenn der Berater immer im Hinterkopf hat, er (als Sozialarbeiter) müsse aufpassen, ob da irgendwelche merkwürdigen, verdächtigen Dinge auftauchen, weshalb der Klienten dem Arzt vorstellen muss." Daraus resultiert der in Abbildung 3-5 wiedergegebene Ausschnitt aus der subjektiven Theorie dieses Sozialarbeiters[7].

7 Vollständige Visualisierungen von subjektiven Theorien aus dieser Untersuchung sind in Flick (1989, 1992a) zu finden.

Kasten 3-2: Ausschnitte aus dem Leitfaden für die Rekonstruktion einer subjektiven Theorie

- Könnten Sie kurz sagen, was Sie mit dem Begriff ‚Vertrauen' verbinden, wenn Sie an Ihr berufliches Handeln denken?
- Können Sie mir sagen, was die zentralen und entscheidenden Eigenschaften von Vertrauen zwischen Klient und Berater sind?
- Ist Vertrauen zwischen einander fremden Personen möglich, oder müssen sich die Beteiligten kennen?
- Es gibt das Sprichwort: „Vertrauen ist gut, Kontrolle ist besser". Wenn Sie an Ihr berufliches Handeln und ihre Beziehung zu Klienten denken, glauben Sie, dass die Beteiligten mit dieser Einstellung an die Sache herangehen sollten?
- Wenn Sie an die Institution denken, in der Sie arbeiten, was sind die Faktoren, die die Entwicklung von Vertrauen zwischen Ihnen und Ihren Klienten erleichtern? Was sind Faktoren, die es eher erschweren?
- Hat die Art und Weise, wie die Menschen zu Ihrer Institution kommen, einen Einfluss auf die Entwicklung von Vertrauen?
- Fühlen Sie sich in stärkerem Maß verantwortlich für einen Klienten, wenn Sie merken, er vertraut Ihnen?

Abbildung 3-5: Ausschnitt aus einer subjektiven Theorie über Vertrauen

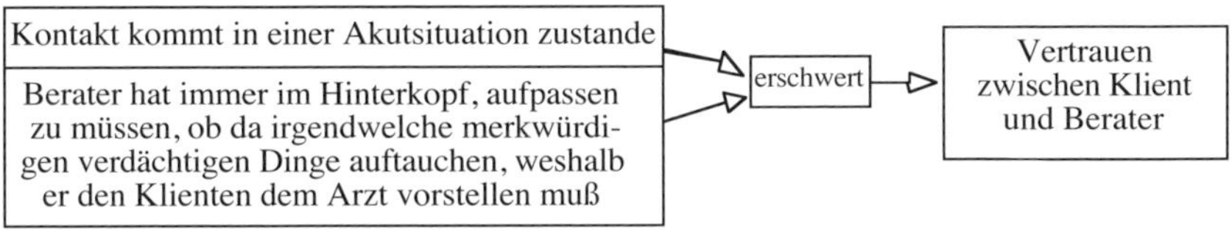

Der zweite methodische Zugang liegt in dieser Untersuchung in der Aufzeichnung und Konversationsanalyse von Erstgesprächen (in Anlehnung an Wolff 1986), die die interviewten Berater mit Klienten durchgeführt haben. Durch die Analyse von Eröffnungssituationen soll gezeigt werden, wie zunächst eine Beratungssituation und darin eine vertrauensvolle Beziehung zum Klienten hergestellt wird. Daraus lassen sich ein Ablaufmuster solcher Situationen sowie Abweichungen von diesem Muster ableiten. Der folgende Ausschnitt gibt die Eröffnung eines Beratungsgespräches wieder, das der bereits erwähnte Sozialarbeiter (B) mit einem Klienten (K) durchgeführt hat:

→ B: Hmm und zwar hatte Ihr Großvater sich an uns gewandt (K: Ja), nich der hat sich wohl große Sorgen um Sie gemacht?

K: Jaja, mir ging's ja auch ziemlich schlecht

B: Ja, was war denn da los?

K: im Mai (.) wissen Se, da hab ich 'n paar Tage hinterher'nander zuviel jetrunken, und dann war mir dermaßen schlecht, vom Kreislauf her (B: Hmm) also alles was man so –, Schweißausbrüche (B: Hmm) Herzrasen, ähh Augenbrennen und alles irgendwie und da war mir also auch gar nicht zum Lachen zumute

→ B: Hmm. Dann sachte der Großvater auch noch ähh, also (..) der Hausarzt hätte wohl gesacht, bei Ihnen bestünde da inzwischen ganz akute Lebensgefahr. Haben Sie denn da irgendwelche akuten organischen –

K: Nuja Lebensgefahr

B: Beschwerden?

K: nich, ne? (B: Hmm) Das ist halt bloß meine Angst, wenn ich so weitermache, dann kann das ja noch kommen (B: Hmm) und das muss ja nich sein, wissenSe, da leg ich auch kein Wert drauf (B:Hmm) und deshalb ist das mit dem Trinken bei mir so'ne Sache

B: Wie hat das denn angefangen?

In den mit einem Pfeil gekennzeichneten Interventionen weicht der Berater vom üblichen Schema (das sich über die analysierten Gespräche hinweg herauskristallisiert hat – vgl. auch Wolff 1986), das mit der Exploration des eigentlichen Problems aus der Sicht des Klienten beginnen würde, ab und klärt zunächst andere Aspekte – die von dritter Seite erhaltenen Informationen – ab. Diese Abweichung von der Routine lässt sich mit dem in Abb. 3-5 wiedergegebenen Ausschnitt aus der subjektiven Theorie aufklären: Von dritter Seite (Großvater) wurden Hinweise auf eine Akutsituation mit möglicher Gefährdung des Klienten gegeben, die der Berater zunächst daraufhin abklären muss, ob der Arzt hinzugezogen werden muss, bevor er in das eigentliche Beratungsgespräch und die Exploration der Problemsicht des Klienten („Wie hat das denn angefangen?") einsteigen und mit dem Aufbau einer vertrauensvollen Beziehung beginnen kann.

In diesem Beispiel eröffnet die Triangulation beider Methoden und der Daten bzw. Ergebnisse, die sie liefern, komplementäre Perspektiven auf der Fallebene. In anderen Beispielen liefern sie divergente Perspektiven auf dieser Ebene. Divergente Perspektiven sind insofern besonders aufschlussreich, als sie neue Fragen aufwerfen, für die theoretische oder empirische Antworten gesucht werden müssen (vgl. hierzu auch Flick 1992b). Genereller betrachtet zeigt sich jenseits des Einzelfalles über den Vergleich der subjektiven Theorien, inwieweit die Aufgaben und Notwendigkeiten, die die vergleichende Analyse der verschiedenen Beratungsgespräche deutlich gemacht hat, in den Wissensbeständen der Berater enthalten sind. Anders herum betrachtet zeigt die vergleichende Analyse der Gespräche die (z.B. institutionellen) Grenzen, an die die Umsetzung der subjektiven Theorien in professionelle Praxis stößt.

Interviews und Focusgroups: Gesundheits- und Alterskonzepte Professioneller

Als zweites Beispiel wird die bereits weiter oben erwähnte Studie zu Gesundheits- und Alterskonzepten Professioneller (Flick et al. 2004; Walter et al. 2006) herangezogen. Darin wurde neben der methodeninternen Triangulation auch die Verknüpfung unterschiedlicher Methoden angewendet. Die Ergebnisse der Einzel-Interviews wurden in ausgewählter Form in Focusgroups (Barbour 2008; Bohnsack 2008; Dierks/Bitzer 1998; Flick 2007), die stadt- und berufsgruppenbezogen mit den beteiligten Ärzten und Pflegekräften durchgeführt wurden, zurückgemeldet und zum Gegenstand von Gruppendiskussionen gemacht. Ein zentrales Thema ist dabei die Einschätzung der Relevanz der ermittelten Gesundheitskonzepte für die eigene Praxis und die Diskussion der daraus zu ziehenden Konsequenzen für die Gestaltung dieser Praxis. Ziel ist die Förderung eines Ergebnistransfers in die Versorgungspraxis. Gleichzeitig werden darüber neue Daten erhoben, wobei der Akzent auf den interaktiven Aspekt der Datensammlung gelegt wird:

> The hallmark of focus groups is the explicit use of the group interaction to produce data and insights that would be less accessible without the interaction found in a group (Morgan 1988: 12).

Focusgroups werden als eigenständige Methode oder in Kombination mit anderen Methoden wie Umfragen, Beobachtungen, Einzelinterviews etc. genutzt. Morgan bezeichnet Focusgroups als:

> …useful for
> - orienting oneself to a new field;
> - generating hypotheses based on informants' insights;
> - evaluating different research sites or study populations;
> - developing interview schedules and questionnaires
> - getting participants' interpretations of results from earlier studies (Morgan 1988: 11).

In der vorliegenden Untersuchung wurde vor allem das letzte von Morgan genannte Ziel verfolgt. Der allgemeine Stellenwert von Focusgroups wird wie folgt charakterisiert:

> First, focus groups generate discussion, and so reveal both the meanings that people read into the discussion topic and how they negotiate those meanings. Second, focus groups generate diversity and difference, either within or between groups (Lunt/Livingstone 1996: 96).

Dabei konnte nicht die gesamte Bandbreite der Ergebnisse zurückgemeldet werden. Als Diskussionseinstieg wurden vielmehr die in den Interviews genannten Barrieren gegenüber Prävention, Gesundheitsförderung und einer stärkeren Gesundheitsorientierung der eigenen medizinischen bzw. pflegerischen Praxis gewählt.

Allen Focusgroups lag in dieser Untersuchung ein gemeinsames Ablauf-Konzept zu Grunde, das jeweils individuell an die Teilnehmerzahl und Gruppendynamik angepasst wurde. Als Moderationsmethode wurde Metaplantechnik eingesetzt. Der geplante Ablauf umfasste folgende Schritte (vgl. Flick et al. 2004, Kap. 9):

Einstieg: Zu Beginn wurde das Projekt kurz vorgestellt und die Vorgehensweise beschrieben. Dann erfolgte eine Vorstellung ausgewählter Forschungsergebnisse bezüglich der Einstellung zu Prävention im Alter von Ärzten und Pflegekräften sowie deren Umsetzung.

Präsentation der Barrieren: Im nächsten Schritt wurden die in den Interviews genannten Barrieren aufseiten des Patienten/Klienten, der Professionen und des Gesundheitssystems präsentiert. Selten werden auch Angehörige (mischen sich in die Pflege ein und verhindern somit eine professionelle Pflege) und das Wohnumfeld (z.B. fehlender Fahrstuhl) als Barriere wahrgenommen. Den Schwerpunkt der sich anschließenden Diskussion bildeten Barrieren aufseiten der Patienten/Klienten und aufseiten der Professionen.

Ranking: Nach Klärung von Verständnisfragen wurden die Focusgroup Teilnehmer gebeten, die Barrieren zu werten. Über die Nominierung der drei subjektiv am größten empfundenen Barrieren durch die Teilnehmer mit Metaplantechnik erfolgte ein Ranking. Dieses Ergebnis diente als Einstieg in die folgende Diskussion zur Problemlösung.

Diskussion: Der Einstieg in die Diskussion erfolgte über die Fragen „Finden Sie sich in dem Ergebnis wieder? Was fehlt Ihnen?“. Die Diskussion zur Problemlösung wurde mit der Frage initiiert: „Haben Sie Vorschläge, wie man die Barrieren überwinden kann?“.

Fazit: Zum Abschluss der Veranstaltung wurden zentrale Ergebnisse der Diskussion auf Metaplankarten geschrieben, als gemeinsam erarbeitetes Fazit am Flipchart festgehalten und nochmals mit der Gruppe abgeglichen.

Der zusätzliche methodische Schritt der Focusgroup erlaubte eine Einschätzung, Kommentierung und kritische Diskussion der Ergebnisse der Interviews durch die Untersuchungsteilnehmer. Dabei entstanden weitere Daten auf einer anderen Ebene – der Gruppeninteraktion im Gegensatz zu den Einzelinterviews (vgl. Flick et al. 2004). Darüber hinaus wurden in die Untersuchung noch weitere Materialien – Curricula und Ausbildungsordnungen (vgl. Neuber et al. 2005) sowie eine Analyse der Fachzeitschriften (vgl. Schöppe et al. 2003) – einbezogen.

3.8 Fazit zur Methoden-Triangulation in der qualitativen Forschung

Methodenninterne Triangulation zielt auf die systematische Verbindung unterschiedlicher Zugänge im Rahmen einer Methode ab. Ihr Hintergrund sollte die Kombination verschiedener theoretischer Zugänge, ihr Ergebnis wird das Vorliegen und die Verbindung unterschiedlicher Datensorten sein. Daten-Triangulation im Sinne von Denzin kann sich auch auf die Nutzung von vorhandenen unterschiedlichen Daten beziehen. Insofern ist die von Seipel und Rieker (2003) geäußerte Einschätzung, methodeninterne und Daten-Triangulation lassen sich nicht klar trennen, wenig zutreffend. Methodeninterne Triangulation kann wiederum zu unterschiedlichen Zwecken eingesetzt werden. In den hier behandelten Beispielen war das vordringliche Ziel, die Erkenntnismöglichkeiten von zwei Zugängen jeweils systematisch zu nutzen und wechselseitig zu ergänzen bzw. erweitern. Dies soll ergänzende Perspektiven auf den Gegenstand in der Erfahrungsweise durch die Interviewten eröffnen: Zur konkreten Prozessperspektive, die in (Situations-) Erzählungen deutlich wird (als ich den Computer zum ersten Mal...), stellt die abstrakte Zustandsbeschreibung (ein Computer ist für mich...) eine Ergänzung dar. Darüber lassen sich natürlich auch unterschiedliche Facetten der subjektiven Auseinandersetzung mit dem Gegenstand verdeutlichen: So argumentierte eine französische Informatikerin auf der abstrakten Ebene allgemeiner Zusammenhänge regelmäßig mit den geschlechtsspezifischen Zugangsbarrieren, die Frauen den Umgang mit Computern oder Technik allgemein erschweren. In den konkreten Situationen, die sie erzählte, wurde dagegen eher eine durchgängige Erfolgsgeschichte des Bezwingens widerständiger Geräte und Situationen deutlich (vgl. Flick 1996).

Methodeninterne Triangulation – das sollten die vorgestellten Überlegungen und Beispiele zeigen – liegt dann vor, wenn die unterschiedlichen Zugänge innerhalb einer Methode systematisch und theoretisch begründet verwendet werden. Die eher pragmatische Aufnahme einzelner offener Fragen in einen aus ansonsten aus geschlossenen Fragen bestehenden Fragebogen ist demnach kein typisches Beispiel für die methodeninterne Triangulation, ebenso wenig das Zulassen von Erzählungen im ansonsten auf Frage-Antwort-Sequenzen orientierten Leitfadeninterview.

Die Triangulation verschiedener qualitativer Methoden macht dann Sinn, wenn die kombinierten methodischen Zugänge unterschiedliche Perspektiven eröffnen – bspw. Wissen und Handeln –, eine neue Dimension einführen – bspw. Gruppeninteraktion vs. Einzelinterview –, auf unterschiedlichen Ebenen ansetzen – bspw. Dokumenten- oder Bildanalyse vs. verbale Daten, wenn also der erwartbare Erkenntnisgewinn systematisch erweitert ist gegenüber der Einzelmethode. Aufschlussreich kann auch die Kombination verschiedener Perspektiven – bspw. Betroffenen- und Expertenperspektiven – auf einen Lebensbereich (z.B. chronische Krankheit) sein. Zusätzliche Erkenntnisse sollten nicht primär mit dem Ziel der Bestätigung (oder Validierung) der mit einer Methode erzielten Ergebnisse gesucht werden. Aufschlussreich wird die methodische Triangulation, wenn darüber komplementäre Ergebnisse erzielt werden, d.h. einander ergänzende Ergebnisse, die ein breiteres, umfassenderes oder ggf. vollständigeres Bild des untersuchten Gegenstandes liefern. Besonders herausfordernd sind divergente Ergebnisse verschiedener Methoden, die nach einer zusätzlichen theoretischen oder auch empirischen Klärung verlangen.

Eine spezielle Erweiterung der (methodeninternen) Triangulation in der qualitativen Forschung wird in Kapitel 4 behandelt, wo es um die Triangulation verschiedener Zugänge innerhalb der Forschungsstrategie Ethnographie gehen wird. Eine besondere Variante der Triangulation verschiedener Methoden wird in Kapitel 5 behandelt, wenn die Verbindung qualitativer und quantitativer Forschung zum Thema wird.

Weiterführende Literatur

Im ersten Buch wird der Rahmen der qualitativen Forschung als Einbettung der Triangulation ausführlicher dargestellt, im zweiten und dritten Buch wird die Umsetzung der in diesem Kapitel beschriebenen Ansätze und Methoden exemplarisch entfaltet.

Flick, Uwe (2007): Qualitative Sozialforschung – Eine Einführung (erw. und akt. Neuausg.). Reinbek: Rowohlt.

Flick Uwe/Röhnsch Gundula (2008): Gesundheit und Krankheit auf der Straße – Vorstellungen und Erfahrungsweisen obdachloser Jugendlicher. Weinheim: Juventa.

Walter, Ulla/Flick, Uwe/Fischer, Claudia/Neuber, Anke/Schwartz, Friedrich-Wilhelm (2006): Alter und gesund? - Subjektive Vorstellungen von Ärzten und Pflegekräften, Wiesbaden: VS-Verlag für Sozialwissenschaften.

4. Triangulation in der Ethnographie

4.1 Von der Teilnehmenden Beobachtung zur Ethnographie

Ethnographie als Forschungsstrategie (vgl. Hirschauer/Amann 1997; Angrosino 2008) ist in den letzten Jahren an die Stelle der Teilnehmenden Beobachtung getreten (vgl. Lüders 2008a: 384) – zumindest was die methodische Diskussion angeht. Schon für die Teilnehmende Beobachtung hat Denzin (1989: 157-158) die Triangulation verschiedener Methoden als Charakteristikum festgehalten:

> Participant observation will be defined as a field strategy that simultaneously combines document analysis, interviewing of respondents and informants, direct participation and observation, and introspection.

Entsprechend finden sich in der Literatur zur qualitativen Sozialforschung in den 1960er und 1970er Jahren eine ganze Reihe von Arbeiten, die sich mit der Kombination, den Unterschieden und relativen Stärken und Schwächen von Teilnehmender Beobachtung und darin durchgeführten Interviews beschäftigen (vgl. exemplarisch Becker/Geer 1979 aber auch die Vorschläge von Spradley 1979 zum ethnographischen Interview sowie genereller die Studien von Glaser/Strauss 1967).

Seit längerem findet die Triangulation in der Methodendiskussion zur ethnographischen Forschung besondere Aufmerksamkeit. Marotzki (1998: 52) verweist darauf, dass sie schon bei Malinowski in der Form der Kombination von Teilnehmender Beobachtung und Interviews zu verzeichnen ist. Die Studie „Die Arbeitslosen von Marienthal“ von Jahoda/Lazarsfeld/Zeisel (1933) stellt ebenfalls ein Beispiel dar, in dem eine Vielzahl von qualitativen und quantitativen Methoden mit einander kombiniert wurden (vgl. Engler 1997), ohne dass dabei der Begriff der Triangulation explizit benannt wird. Für die neuere Pädagogische Ethnographie stellt Marotzki (1998: 47) sogar einerseits fest: „Datensorten- und Methodentriangulation sind der Regelfall. Es fällt aber auf, dass die Methodologiediskussion sehr verhalten geführt wird“. Spezielle Aktualität in der Ethnographie erfährt die methodologische Triangulation. Für Lüders (1995: 321) „wandelt sich Ethnographie (...) in eine Forschungsstrategie, die alle nur denkbaren und ethisch vertretbaren Optionen der Datengewinnung einschließt“. Andererseits kritisiert Lüders (1995), dass die sich in Deutschland entwickelnde ethnographische Forschungspraxis weitgehend losgelöst ist von der methodischen Diskussion im angelsächsischen Raum. In der dortigen methodischen Diskussion zur Ethnographie und der Triangulation darin erhalten die Überlegungen von Hammersley und Atkinson besondere Relevanz:

> Data-source triangulation involves the comparison of data relating to the same phenomenon but deriving from different phases of fieldwork, different points of respondent validation, the accounts of different participants (including the ethnographer) involved in the setting (1983: 198).

Neben der Triangulation von Datenquellen und der verschiedener Forscher wird hier als dritte Form „technique triangulation" genannt. Ziel ist dabei, über den Vergleich von Daten, die mit unterschiedlichen Methoden gewonnen wurden, die jeder Technik eigenen Gefahren für die Validität („validity threats") zu kontrollieren:

> Here, data produced by different techniques are compared. To the extent that these techniques involve different kinds of validity threat, they provide a basis for triangulation (1983: 199).

Dieses Verständnis von Triangulation scheint stark von Technizismus und Validierungsansprüchen gekennzeichnet, wie auch im Folgenden unterstrichen wird:

> Ethnography often involves a combination of techniques and thus it may be possible to check construct validity by examining data relating to the same construct from participant observation,interviewing, and documents. (...) What is involved in triangulation is not the combination of different kinds of data per se, but rather an attempt to relate different sorts of data in such a way as to counteract various possible threats to the validity of our analysis (1983: 199).

Dieses eher an Validierung orientierte Verständnis von Triangulation vertritt Hammersley auch in aktuelleren Publikationen (1996: 167). Jedoch diskutieren Hammersley und Atkinson verschiedene Probleme, die mit dieser Konzeption verknüpft sind. Einerseits betonen sie, dass in der Daten-Triangulation nicht unterschiedliche Daten per se (Hammersley/Atkinson 1983: 199) miteinander kombiniert werden können, sondern dass hier eine Beziehung zwischen den Daten so hergestellt wird, dass damit den „Validity threats" entgegengewirkt werden kann. Schließlich unterstreichen sie, dass weniger die Übereinstimmung zwischen den Datensorten als die Diskrepanzen zwischen ihnen aufschlussreich sind. Triangulation sollte nach diesem Verständnis weniger darauf abzielen, im Vergleich von Wissen und Handeln einer Person Bestätigungen zu finden, dass die Person so handelt, wie es ihrem zuvor erhobenen und analysierten Wissen entspricht, sondern sich der Frage widmen, wie sich Diskrepanzen zwischen Wissen und Handeln theoretisch erklären lassen. Entsprechend kennzeichnen Hammersley und Atkinson ihren Ansatz mit dem Begriff der „reflexiven Triangulation" (1983: 200).

4.2 Implizite Triangulation in der Ethnographie: Hybride Methodologien

Die für die Realisierung der Optionen notwendigen methodischen Zugänge werden in der Ethnographie miteinander trianguliert, auch wenn der Begriff dabei nicht immer explizit verwendet wird. Am Ende steht weniger die wechselseitige Validierung der Erkenntnis, die mit den einzelnen Methoden gewonnen wurden, als eine Erweiterung der Erkenntnismöglichkeiten über den untersuchten Lebensbereich. Da die verschiedenen Methoden wie Beobachtung und Befragung eher ad hoc in der Situation der längeren Teilnahme kombiniert werden, lässt sich auch von *impliziter* Triangulation in der Ethnographie sprechen (Flick 1998). Kennzeichnend für ethnographische Forschung ist deshalb der flexible Einsatz unterschiedlicher methodischer Zugänge entsprechend der jeweiligen Situation und des jeweiligen Gegenstandes – wobei nicht nur der Einsatz der Verfahren der Situation angepasst wird, sondern unter Umständen auch die Verfahren selbst (Lüders 2008a: 393). Dies haben auch schon Hammersley und Atkinson konstatiert:

> The ethnographer participates, overtly or covertly, in people's daily lives for an extended period of time, watching what happens, listening to what is said, asking questions; in fact collecting whatever data are available to throw light on the issues with which he or she is concerned (1983: 2).

Auch in aktuelleren angelsächsischen Publikationen zur Ethnographie (vgl. Angrosino 2008) wird vor allem diese flexible Nutzung aller möglichen Informationsquellen als Daten vorgeschlagen, ohne dass dabei explizit die Kombination bestimmter Methoden oder eine explizit formalisierte Kombination bestimmter Datensorten ausformuliert würde:

> One must engage in what Denzin called triangulation, checking everything, getting multiple documentation, getting multiple *kinds* of documentation, so that evidence does not rely on a single voice, so that data can become embedded in their contexts, so that data can be compared (Deegan 2001: 34).

Im deutschen Sprachraum werden dagegen etwas andere Akzente gesetzt. Für Amann und Hirschauer (1997: 19) ist Ethnographie durch ein – auch im Vergleich zu anderen qualitativen Forschungsstrategien noch stärkeres – methodisches Diktat des Feldes über die Disziplin gekennzeichnet. Damit wollen sie verdeutlichen, dass nicht die aus einer disziplinären Tradition oder Diskussion – etwa in der Soziologie – resultierende Festlegung auf bestimmte Methoden oder Datensorten den Kontakt des Forschers zum Feld (und zum empirischen ‚Material') bestimmen sollte, sondern die von den Eigenschaften und Eigenheiten des untersuchten Feldes produzierten methodischen Notwendigkeiten. Damit unterscheiden sie sich auch von Autoren wie Neumann-Braun und Deppermann (1998), die etwa eine auf die Gesprächsanalyse fokussierte Ethnographie favorisieren. Hinsichtlich des dabei anfallenden „Datenmaterials" halten Amann und Hirschauer fest:

> Es werden vielfältige Dokumente gesammelt und erzeugt: von den Teilnehmern erstellte (Artefakte, diverse Schriftstücke), Interviewdokumente, Konversationsmitschnitte, Videotakes. Solche Dokumente können sich in einem Datenkorpus wechselseitig interpretieren und kontrollie-

> ren. Aber auch wenn nur einzelne solcher Abschöpfungsverfahren eingesetzt werden, ist das was sie zur Ethnographie macht, ihre Einbettung in den Kontext einer andauernden teilnehmenden Beobachtung (1997: 16).

Mit dieser Charakterisierung der Datenlage der ethnographischen Forschung kommen sie der Konzeption der Daten-Triangulation doch recht nahe. Für die Sammlung dieser Datenvielfalt gilt für die Autoren:

> Der entscheidende methodologische Schritt für die Etablierung ethnographischer Empirie ist daher die Befreiung von jenen Methodenzwängen, die den unmittelbaren, persönlichen Kontakt zu sozialem Geschehen behindern (1997: 17)

Bei einem Blick in die publizierte Forschungspraxis – z.B. auch in dem Band von Hirschauer und Amann (1997) – wird jedoch deutlich, dass diese Befreiung von Methodenzwängen vor allem in dreifacher Hinsicht gilt: Im Zugang zum Feld, in der Entscheidung bei der Auswahl konkreter methodischer Zugänge zu den interessierenden Praktiken und Mitgliedern und ggf. auch in der Rigorisität der Anwendung von Methoden. Erzählungen werden häufiger zum Teil der Daten, nicht jedoch unbedingt als Ergebnis der konsequenten Anwendung des Narrativen Interviews. Jedoch verwenden Ethnographen Methoden und in der Regel mehrere (meist Formen der Beobachtung, der Aufzeichnung, der Interpretation – vgl. Breidenstein 1998 und der Befragung – vgl. Kelle 2001) in Kombination. Entsprechend verdeutlicht Knoblauch (2008: 627), dass die Ethnographie für „hybride Methodologien“ – die Verwendung ergänzender Methoden, die „unterschiedliche Aspekte von Gegenständen behandeln“ – „besonders prädestiniert“ sei. Was in dieser hybriden Methodologie praktiziert wird, ist jedoch nichts anderes als eine von der Idee der Korrektivität und Validierung befreite Variante der Methodentriangulation, die jedoch implizit bleibt, da relativ wenig Gewicht auf die Systematik der Methodenkombination gelegt wird.

4.3 Explizite Triangulation in der Ethnographie: Das Triangulationsgebot

Jenseits dieser pragmatischen bzw. impliziten Verwendung der Triangulation in der Ethnographie gibt es hier jedoch auch eine umfangreiche Diskussion über die explizite Verknüpfung bestimmter methodischer Zugänge. Dabei ist bei verschiedenen Autoren (Marotzki 1998; Schütze 1994) sogar von einem Triangulationsgebot die Rede:

> Darunter verstehe ich die redliche Verpflichtung, verschiedene Datenerhebungs- und Auswertungsmethoden, Datenarten und Theorien je nach Forschungsfrage und Objektbereich so methodisch kontrolliert zu kombinieren, dass ein Forschungsdesign entsteht, das es erlaubt, glaubhaftes

> und zuverlässiges Wissen über den Menschen in seinem soziokulturellen Kontext bereitzustellen (Marotzki 1998: 52).

Dieses Triangulationsgebot bezieht sich bei Marotzki auf die „Kombination von teilnehmender Beobachtung und Interviewtechnik" (1998: 52) oder bei Schütze (1994) auf die Kombination von narrativen Interviews und Protokoll- und Dokumentenanalysen von Interaktionsprozessen. Schütze sieht für die ethnographische Forschung als Materialsorten ethnographische Berichte, Aktualtexte, narrative Interviews, Experteninterviews und Gruppendiskussionen:

> Da diese Materialsorten unterschiedliche Realitätsbezüge haben, im ethnographischen Vorgehen aber „ganzheitliche" Phänomene erfasst werden sollen, an denen sehr unterschiedliche Realitätsperspektiven beteiligt sind, ist im ethnographischen Forschungsvorgehen in der Regel die Datensorten- und Methodentriangulation angesagt (Schütze 1994: 235).

Bei Schütze ist dieses Triangulationsgebot v.a. auch im Kontext der Verwendung ethnographischer Vorgehensweisen und Erkenntnisse als Basis für Ausbildungsprozesse (in der Sozialarbeit) und Beratung von Klienten (durch Sozialarbeiter) relevant. Das Triangulationsgebot wird von Schütze jedoch nicht uneingeschränkt eingefordert:

> Eine wahrhaft ethnographische Untersuchung begnügt sich aber nicht mit der strukturellen Beschreibung nur einer Materialsorte und mit deren symbolischer Ausdeutung, wann immer die Erhebung und Betrachtung mehrerer Materialsorten machbar und vertretbar ist (Schütze 1994: 247).

Hier spielen bereits praktische Überlegungen zu Ressourcen und Zumutungen an untersuchte Personen bzw. Felder eine Rolle.

Eine kritische Diskussion zum Konzept und der Anwendung der Triangulation im Kontext der Ethnographie liefert Kelle (2001). Dabei bricht sie die abstrakt methodologische Diskussion über Triangulation auf konkret forschungspraktische Fragen der Ethnographie herunter. Zunächst einmal betont sie, dass sich Verfahren nicht ohne weiteres aus dem Kontext der jeweiligen Forschungsperspektive lösen lassen:

> Verschiedene Verfahren können (...) nicht an beliebigen Stellen des Forschungsprozesses umstandslos zusammengedacht und -gebracht, sondern nur parallel angewendet werden (Kelle 2001: 193).

Weiterhin hebt sie hervor, dass Forschung häufig von Nachwuchswissenschaftlern durchgeführt wird, die „sich Theorien und methodisches Handwerkszeug nicht selten erst im Verlauf solcher Projekte erarbeiten müssen" (ebd.), weshalb der „Einsatz von mehreren Methoden nicht per se als besser gelten kann, als die Konzentration auf ein methodisches Verfahren" (2001: 193).

Zu ersten Kritik sei angemerkt, dass etwa der Ansatz der systematischen Perspektiventriangulation (vgl. Kap. 2) genau diese Frage zum Gegenstand hat. Dabei geht es gerade nicht um die simple Kombination von Methoden an beliebigen Stellen sondern die Verknüpfung von Methoden unter Berücksichtigung des theoretisch-methodologischen Forschungsprogramms, dem sie entstammen bzw. für das sie stehen. Beim zweiten Punkt bezieht Kelle sich (vermutlich) auf das erwähnte Triangulationsgebot von Schütze bzw. Marotzki, auf das im Zusammenhang mit der Indikation von Methoden und Triangulation noch zurückzukommen sein wird (vgl. Kap. 6).

Aufschlussreicher ist Kelles Ansatz, die Frage der Triangulation und Triangulierbarkeit von Forschungsperspektiven an konkreten Fragen der Materialgewinnung und -dokumentation zu diskutieren. Diese diskutiert sie vor dem Hintergrund der Verbindung von teilnehmenden Beobachtungen (dokumentiert in Beobachtungsprotokollen) und Interaktionsaktivitäten (dokumentiert in Audio- oder Videoaufzeichnungen). Hintergrund der Diskussion ist dabei – neben der Forderung von Neumann-Braun und Deppermann (1998), ethnographische Forschung sollte sich auf die Aufzeichnung von Gesprächen konzentrieren – die viel zitierte Unterscheidung von Bergmann (1985) zwischen rekonstruktiven und interpretativen Verfahren. Darin wird letzteren ein quasi unverfälschter Zugang zur untersuchten Wirklichkeit, den ersteren dagegen ein (re-) konstruktiver Filter auf die Wirklichkeit zugeschrieben. Wie Kelle zeigt, ist bei beiden Dokumentationsformen ein selektiver Filter gegeben – im einen Falle die subjektiven Verdichtungen des Beobachters bzw. beim Verfassen der Feldnotizen, im anderen Falle die begrenzte Reichweite der Aufzeichnungsgeräte in zeitlicher Hinsicht, in Bezug auf das, was dabei fokussiert wird und inwieweit das Aufgezeichnete dann noch transkribierbar ist, wenn das Medium durch eine fehlende Selektivität gekennzeichnet ist (Breidenstein 1998). Genereller verdeutlicht Kelle, dass jede Form der Datenerhebung und mehr noch der Datenkommunikation eine konstruktive Leistung darstellt und kein Verfahren einen unmittelbaren Zugang zu dem bietet, was untersucht werden soll. Schließlich zeigt Kelle, dass jedes Verfahren Reduktionen der Komplexität des Untersuchten produziert, hält jedoch fest:

> Diese Reduktionen sind notwendig, um überhaupt etwas Spezifisches über den Gegenstandsbereich aussagen zu können, weil nämlich nicht alle Aspekte der komplexen Praxis gleichzeitig ‚unter die Lupe' genommen werden können (Kelle 2001: 202).

Der Artikel von Kelle liefert gute Argumente für einen reflektierten Ansatz der Triangulation in der Ethnographie. Ihr Vorschlag, die Verknüpfbarkeit von Methoden auf der Ebene der konkreten Anwendung und v. a. auch auf der Ebene der Dokumentationsweisen, die sie verlangen, und deren Grenzen zu reflektieren, stellt eine wichtige Anregung für die Diskussion der Triangulation genereller dar. Ebenfalls ist ihr Hinweis, dass die Anwendung verschiedener Methoden auch eine fundierte Kenntnis und Ausbildung in jeder dieser Methoden voraussetzt, aufschlussreich. Weniger überzeugend ist die Argumentation, wo Kelle diese gegen die Verwendung von Triangulation wendet.

In einer späteren Arbeit (Dausien/Kelle 2003) argumentiert Kelle für eine Verbindung von ethnographischen und biographischen Forschungsperspektiven und erwartet, dass die „Berücksichtung der Biographizität sozialer Interaktion (...) zu dichteren ethnographischen Beschreibungen und Analysen" führen werden und dass die „über Interviewsituationen hinausgehende methodische Berücksichtigung der Situiertheit des praktischen, intersubjektiven *sense making* in Interaktionen eine Perspektiverweiterung für die Biographieforschung darstellen" (Dausien/Kelle 2003: 1-2).

Insgesamt betrachtet, skizzieren die solche Ansätze expliziter Triangulation in der Ethnographie Wege, das Verhaftetsein der ethnographischen Forschung im hier und jetzt des Beobachtbaren durch Erweiterung der Perspektiven auf über die Beobachtungssituation hinaus reichende Thematisierungen etwa aus biographischer Perspektive oder allgemeiner auf das Wissen, mit dem die Akteure in den analysierten und beschriebenen Szenen agieren, zu ergänzen. Einerseits soll Triangulation in der Ethnographie „(...) helfen, die Vielschichtigkeit gesellschaftlicher und personaler Realität angemessen zu erschließen und abzubilden" (Friebertshäuser 1997: 505). Andererseits zeigen die verschiedenen Arbeiten von Kelle, Schütze und Marotzki dass die Verwendung der Triangulation hier den Ansatz der Abbildung von Realität ad acta gelegt hat und sich mehr mit den unterschiedlichen Konstruktionen der Wirklichkeit beschäftigt, die ein untersuchtes Feld kennzeichnen und bestimmen.

4.4 Beispiele der Triangulation in der Ethnographie

Vergemeinschaftungsprozesse im Sport

Als erstes Beispiel für die Anwendung der Triangulation in einer ethnographischen Studie soll hier eine Untersuchung zu Vergemeinschaftungsprozesse in traditionellen und neuen Sportarten (vgl. Gebauer/Alkemeyer/Boschert/ Flick/Schmidt 2004) herangezogen werden. In dieser Studie wurden verschiedene Felder ausgewählt, in denen die Sportpraxis in traditionellen Sportarten (Handball als Mannschaftssport im Verein) mit neuen Sportarten (Inlinehockey auf öffentlichen Plätzen) und Misch- und Kombinationsformen (Triathlon) sowie deren soziale Repräsentation (vgl. Flick 1995) empirisch analysiert wurden. *Explizite* Triangulation fand hier statt, da ethnographische Methoden der längeren Teilnahme und Beobachtung in einem Feld ausdrücklich mit dem Einsatz von (episodischen) Interviews mit einzelnen Akteuren darin an gesondert vereinbarten Terminen kombiniert wurde. So wurden in diesem Projekt regelmäßige ethnographische Beobachtungen in Feldern, in denen neue Sportarten wie Inlineskating praktiziert werden, und mit einzelnen Sportlern gesondert durchgeführte, episodische Interviews trianguliert. Der erste Zugang ermöglicht, die Handlungs- und Kommunikationsweisen zu analysieren, während der zweite die Bedeutung der Sportart und der ‚Szene' für den Einzelnen verdeutlicht.

Die konsequenteste Variante ist, die triangulierten Methoden an denselben Fällen einzusetzen: Die in einem Feld beobachteten Personen werden (alle) interviewt. Dieses Vorgehen ermöglicht die fallbezogene Auswertung beider Datensorten und erlaubt am Einzelfall die unterschiedlichen Perspektiven, die die methodischen Zugänge eröffnen, zu vergleichen und zu verknüpfen. Darüber hinaus lassen sich hier solche Vergleiche und Verbindungen auch auf höherer Ebene vornehmen: So können Systematiken, die sich aus dem Vergleich der einen Datensorte (z.B. Ablaufmuster von Sportaktivitäten) ergeben, mit Mustern aus dem Vergleich der anderen Datensorte (Schwerpunktsetzungen und blinde Flecken, die sich über alle Interviews oder sportfeldspezifisch feststellen lassen), in Beziehung gesetzt werden. Samplingentscheidungen stellen sich nur einmal, da für beide Datensorten dieselbe Fallauswahl getroffen wird.

Nachteile sind, dass erstens häufig die Belastung für den einzelnen Teilnehmer an der Untersuchung unzumutbar hoch ist – sich beobachten zu lassen und sich zusätzlich zu einem Interview bereit zu erklären, ist eine gemessen an dem üblichen Aufwand für die Teilnahme an einer Studie eine vergleichsweise hohe Erwartung. Zweitens erhöht sich die Gefahr von Ausfällen deutlich. Jeder, der ablehnt, entweder ein Interview zu liefern oder sich zu Beobachtungen bereit zu erklären, ist für die gesamte Untersuchung, die am Fall triangulieren will, ‚verloren'.

Schließlich ergibt sich bei Beobachtungen an offenen Plätzen (z.B. Sport-‚Szenen' wie das Inlinehockey auf einem Marktplatz) das Problem, dass so viele Personen dabei beobachtet werden, dass nicht alle auch interviewt werden können. Von daher ist eine Triangulation am Fall hier nur begrenzt möglich, weshalb sie auf der Ebene der Datensätze ansetzt.

Der Einsatz der einzelnen Methoden erfolgt zunächst unabhängig voneinander und produziert einen Satz von Beobachtungsdaten und eine Reihe von Interviews. Beide werden auf ihre Gemeinsamkeiten und Unterschiede hin ausgewertet. Die Triangulation bezieht sich dann praktisch auf die Ergebnisse beider Auswertungen und setzt sie in Beziehung. Als praktisches Problem stellt sich hier die Frage, wie die Vergleichbarkeit der Samples, an denen die unterschiedlichen Methoden zum Einsatz kommen, gewährleistet werden kann. Die methodische Triangulation orientiert sich in dieser Untersuchung an drei Forschungsperspektiven: 1) der Analyse von Handlungen, Interaktionen, Codes, Geräte, Accessoires und Bewegungsformen in verschiedenen Organisationsformen des Spiels in der jeweiligen Sportpraxis. 2) der Analyse der sozialen Repräsentation der jeweiligen Sportpraxis und 3) an der soziologischen Analyse sozialer Verortungen und Zugehörigkeiten der Mitglieder.

Dabei wurden folgende Methoden trianguliert: Ethnographisch-teilnehmende Beobachtungen und Beschreibungen des Feldes der jeweiligen Sportart; Analysen der Repräsentation der Spielform und der eigenen bzw. gruppenspezifischen Handlungsweisen bei den Teilnehmern mittels episodischer Interviews sowie ein Fragebogen zur sozialen Herkunft und Zugehörigkeit zur Verortung der Gruppenmitglieder im sozialen Raum.

Ethnographisch-teilnehmende Beobachtung wurde hier als eine Forschungsstrategie verstanden (Lüders 2008a), die zur Analyse konkreter Kontexte („kleiner Lebenswelten" – Hitzler/Honer 1995) und menschlicher Entwicklung in kulturellen Umwelten (Jessor/Colby/Shewder 1996) eingesetzt wird (vgl. auch Bourdieu/Wacquant 1992). Besondere Aufmerksamkeit fand die Beschreibung der Kleidung, der Rituale und Symbole (Soeffner 1988, 1995), die zur Absteckung des sozialen Raums verwendet werden. Ethnographisch-teilnehmende Beobachtung lässt sich insbesondere für die Analyse sozialer Rahmen i.S. von Goffman (1980) fruchtbar machen, indem dabei Aspekte des *Raums*, der *Zeit* (zeitliche Grenzmarkierungen, soziale Zeit und „Aufführungs"-Zeit; interne zeitliche Strukturierung), des *Gehörs* (verhaltensstrukturierende oder bewegungsbegleitende Signale; Musik), der *Objekt-* und *Gerätewelt* (Art der Objekte und Geräte), *Regelwerke, Ausführungsvorschriften, Normen, Kodifizierungen* etc. (Benutzungsregeln der Objekte/Geräte; explizite oder implizite Verhaltensnormen; Kodifizierungen von Bewegungen, Haltungen), *Sprechweisen und symbolische Codes* erfasst werden. Die Fragestellungen der Untersuchung richteten sich u.a. auf soziale Organisierungsweisen und Zugehörigkeiten im jeweiligen Feld: Orientieren sich die Mitglieder eher an Trainern bzw. Vorbildern oder eher an der Peergroup? Unterstützt die jeweilige Sportart eher Individualisierungen? Welche performativen Akte, Selbst-Inzenierungs- und Bewegungsformen sind typisch für die jeweilige Spielform? Welche Codes, Rituale, Symbole werden verwendet, um Zugehörigkeit zur jeweiligen Sportgruppe anzuzeigen?

Bei der konkreten Umsetzung ethnographisch-teilnehmender Beobachtung lassen sich nach Spradley (1980: 34) drei Phasen unterscheiden (1) „Deskriptive Beobachtung" dient zu Beginn der Orientierung im Untersuchungsfeld und liefert unspezifische Beschreibungen. Sie wird dazu genutzt, die Komplexität des Feldes möglichst vollständig zu erfassen und dabei konkretere Fragestellungen und ‚Blickrichtungen' zu entwickeln. (2) In „fokussierter Beobachtung" verengt sich die Perspektive zunehmend auf die für die Fragestellung besonders relevanten Prozesse und Probleme, während die (3) „selektive Beobachtung" gegen Ende der Erhebung mehr darauf gerichtet ist, weitere Belege und Beispiele für die im zweiten Schritt gefundenen Typen von Verhaltensweisen oder Abläufen zu finden. Vor allem für die Realisierung der zweiten und dritten Phase in der konkreten Umsetzung dient der hier zur Orientierung im Feld entwickelte Beobachtungsleitfaden. In der Beobachtung wurden als Schwerpunkte gesetzt: Raumbeschreibung, zeitliche Strukturierung, Inhalte des Trainings, Personenbeschreibungen, Kommunikationsstrukturen/-weisen: körperlich-gestische Ebene, Regeln, Normen, Gewohnheiten.

Dabei resultierte als Struktur der Beobachtungsprotokolle: Tag, Datum, Zeitraum der Beobachtung; Name(n) der Beobachter; Stichwort des Hauptereignisses; Situation bei Eintreffen am Ort; Ereignisauflistung in Stichworten; chronologische Beschreibung der Beobachtungen; Beschreibung der Gespräche; eigene Befindlichkeit und Reflexionen über das eigene Verhalten im Feld; erste Interpretationen, Fragen, Hypothesen; offene Fragen und Hypothesen für die nächste Beobachtung.

Ein Problem bei der ethnographisch-teilnehmenden Beobachtung stellt häufig die Eingrenzung bzw. Auswahl von Beobachtungssituationen dar, in denen das untersuchte Phänomen auch tatsächlich ‚sichtbar' wird, weshalb häufig zusätzlich mehr oder minder umfangreiche Befragungen von Beteiligten herangezogen werden (vgl. auch Kelle 2001). Im vorliegenden Fall lässt sich etwa im Feld Triathlon im wesentlichen das Schwimmtraining so lokalisieren, dass dabei (eine Gruppe von) Sportler/innen systematischer beobachtet werden können, während die anderen Aktivitäten (Laufen, Fahrrad fahren) einer Beobachtung kaum systematisch zugänglich sind, da sie von einzelnen Akteuren und nicht an festgelegten Orten durchgeführt werden. Diese Aktivitäten sind dann eher über Befragungen zugänglich.

Entsprechend wurden hier episodische Interviews durchgeführt, in denen Frage-Antwort-Sequenzen mit Erzählungen trianguliert wurden. Mit den ersten Fragen wurde der Interviewpartner aufgefordert, seine *subjektive Definition* zum Forschungsgegenstand darzulegen. Beispiele entsprechender Fragen sind etwa „Welche Bedeutung hat Triathlon für Dich? Was verbindest Du mit dem Wort ‚Triathlon'? Was kennzeichnet für Dich die Atmosphäre hier beim Triathlon? bzw. Könntest Du Dich bitte an die Situation erinnern, in der Du Dich entschlossen hast, Triathlon als Sport zu betreiben und mir diese Situation erzählen?". Aufschlussreich für die Analyse ist hierbei zum einen die konkret erzählte Situation in ihrem Inhalt, zum anderen die getroffene Auswahl aus der Vielzahl von möglichen Situationen, die er zur Erläuterung seiner Sichtweise trifft. Daran schließt sich die Klärung der Rolle bzw. *Bedeutung des Forschungsgegenstandes* für das alltägliche Leben des Interviewpartners an. Um dies zu erreichen, wird er z.B. gebeten, einen typischen Tagesablauf zu erzählen und dabei die jeweilige Relevanz des Forschungsgegenstandes zu verdeutlichen („Erzähle mir doch bitte einmal Deinen gestrigen Tagesablauf und wo und wann Triathlon darin eine Rolle gespielt hat?"). Aus dieser Vielzahl von Situationen kann der Interviewer bestimmte Punkte aufgreifen und zur Vertiefung nachfragen. In der nächsten Phase des Interviews wird der Interviewpartner aufgefordert, seine persönliche Beziehung zu zentralen Aspekten des Forschungsgegenstandes zu erläutern, zum Beispiel: „Welche Rolle spielt Dein Sport in Deinem Beruf/Deiner Ausbildung? Könntest Du mir dafür ein Beispiel einer Situation erzählen?". Abschließend wird der Interviewpartner gebeten, sich zu *allgemeinen Aspekten* des Forschungsgegenstandes zu äußern und seine subjektive Sicht zu schildern („Wovon hängt es ab, ob jemand sich für diese Sportart entscheidet und dabei verbleibt? Könntest Du mir dafür ein Beispiel erzählen?"). Dies dient der Erweiterung des Sichtfeldes. Der Interviewer sollte so weit wie möglich versuchen, die generellen Antworten mit den persönlichen, konkreten Beispielen in Verbindung zu bringen, um eventuelle Diskrepanzen und Widersprüche sichtbar werden zu lassen. Abschließend erscheint es sinnvoll, im letzten Teil des Interviews die Frage zu stellen, ob der Interviewpartner inhaltlich etwas vermisst hat bzw. noch etwas ergänzen möchte.

Als empirische Materialien für die Analyse resultierten aus den beiden methodischen Zugängen einerseits Fallskizzen zu einzelnen Akteuren aufgrund ihrer Befragung und Feldbeschreibungen zu den untersuchten Feldern, andererseits allgemeiner gehaltene Analysen auf der Basis des empirischen Materials (vgl. hierzu Gebauer et al. 2004). Im Folgenden werden kurze Auszüge aus einer Feldbeschreibung und einer Fallskizze wiedergegeben.

Triathlon als Feld – Auszug aus einer Feldbeschreibung

In Berlin gibt es etwa 1000 in Vereinen organisierte Triathleten und Triathletinnen. Triathlon-Wettkämpfe werden hier seit etwa Mitte der 1980er Jahre veranstaltet, Triathlon ist also eine verhältnismäßig junge Sportart. Bei den beobachteten Wettkämpfen war das Verhältnis zwischen teilnehmenden Männern und Frauen durchgehend etwa 3 zu 1. Dabei fiel auf, dass bei den Männern, die in verschiedenen – nach Fünf-Jahres-Schritten abgestuften – Altersklassen starten, die Altersgruppen der 35-45-Jährigen dominierten. Die Akteure selbst klassifizieren Triathlon überwiegend als gehobene Sportart und grenzen sich von populären Sportarten wie Handball und v.a. Fußball deutlich ab. Im Triathlon muss man – im Unterschied zu vielen konventionellen Vereinssportarten, die sich auf einen architektonisch spezifisch gestalteten besonderen Raum wie die Turnhalle oder das Stadion konzentrieren – im Plural von den ‚Räumen' dieser Sportart sprechen. Schon die verschiedenen konkreten Räume des Triathlons machen dessen Zwitterstellung zwischen traditionellem und postkonventionellem Sport deutlich. Sie reichen von den Schwimmhallen, wo – oft zusammen mit Mitgliedern von Schwimmvereinen und unter deren organisatorischer Regie – zu festen Zeiten das Schwimmtraining stattfindet, über die oft individuell oder in kleinen Grüppchen absolvierten diversen und immer wieder neu festgelegten Fahrrad- und Laufstrecken an den Stadträndern und Grünflächen, bis hin zu den besonderen Orten, an denen dann die Zusammenkünfte und Wettkämpfe der Triathleten stattfinden. Dabei sind eigentlich nur die Schwimmhallen und die Orte der Wettkämpfe der ethnographischen Beobachtung zugänglich, nur hier versammeln sich die Triathleten, nur hier konstituiert sich also die Kultur der zu beschreibenden ‚Ethnie' wirklich ortskonkret, nur hier hat das Feld Triathlon klare physische Raumgrenzen. Anders formuliert: Triathlon bedeutet nicht nur eine leistungsmäßige und zeitliche, sondern auch eine räumliche Erweiterung herkömmlichen Sporttreibens. Die sportliche Praxis beginnt gewissermaßen in der Schwimmhalle, an einem klar abgegrenzten Ort, um diese räumlichen Grenzen aber aufzusprengen und zu überschreiten. Die Praxis des Triathlon vollzieht also selbst noch einmal die Veränderungen nach zwischen konventionellem, begrenztem, an spezielle räumliche Ghettos und feste Zeiten gebundenen Sport und postkonventionellen Sportpraxen, für die es konstitutiv ist, aus diesen Grenzen auszubrechen und bislang davon ‚verschonte' Räume für die sportliche Praxis zu reklamieren.

Im Triathlon ist das Schwimmtraining „*der Fixpunkt, wo man sich immer sieht*", wie eine Akteurin es ausdrückt. In der Schwimmhalle treffen sich die Triathleten zwar zu festen Trainingszeiten, sie sind hier zwar räumlich zusammengefasst, allerdings sind sie hier selten alleine, sondern meistens mit anderen Vereinsschwimmern und – während des öffentlichen Badebetriebes – mit Freizeitschwimmern zusammen. Um ihrer möglichen Verwechslung mit gewöhnlichen Schwimmern entgegenzuarbeiten, distinguieren sich die Triathleten aber auch hier v.a. durch ihre äußere Erscheinung (kurze, oft blondierte Haare, häufig Tätowierungen, bei den Männern sind häufig die Beine rasiert, alle tragen auffällige Uhren) und ihre Verhaltensweisen: durch ausgiebige Dehn- und Aufwärmübungen, neben dem Becken liegende wasserfeste Trainingspläne, auf die nach jeder Bahn ein Blick geworfen wird, durch – oft nur flüchtige – Begrüßungen und Verabschiedungen und nicht zuletzt durch die – sehr individuell gehandhabten – langen Trainingseinheiten.

In einem Beobachtungsprotokoll wurde entsprechend festgehalten:

> Die meisten Triathleten scheinen tatsächlich, wie bereits vom Trainer vorangekündigt, stark auf sich konzentriert zu sein. In der Halle bestand kaum Kontakt untereinander. Was ist allerdings mit den Begrüßungs- und Verabschiedungssequenzen, was passiert in der Umkleidekabine? Während meiner Beobachtung hatte ich das Gefühl, dass sie gar nicht irritiert sind, von einer ihnen Fremden observiert zu werden. Mein Gefühl von Distanz bzw. Abgegrenztheit schien sich auch im Kontakt zwischen den Sportlern, auch in Bezug auf den Trainer, wiederzufinden.

Die Triathleten fallen also schon in der Schwimmhalle als eine Gemeinschaft von Individualisten auf.

Den Wettkämpfen kommt im Triathlon zentrale Bedeutung zu, denn erst hier werden die im Training getrennt absolvierten Schwimm-, Rad- und Laufstrecken unmittelbar aufeinander folgenden zurückgelegt. Das setzt wiederum besondere Orte voraus, deren herkömmliche Nutzungen für die Zeit der Wettkämpfe eingeschränkt werden müssen. Triathlon-Wettkämpfe müssen bei der Polizei und dem Tiefbauamt angemeldet werden, Straßen müssen gesperrt, Fahrradständer, Umkleidemöglichkeiten, Organisations- und Verpflegungsstände müssen aufgebaut werden. Die Triathlon-Praxis integriert sich also nicht – wie beispielsweise das Inline Hockey – in die alltäglichen Nutzungsformen öffentlicher Orte, sondern macht umgekehrt solche Orte für kurze Zeit (und nicht ohne Schwierigkeiten und organisatorischen Aufwand) zu Sonderbereichen des Sports. Für die Teilnehmer haben die Wettkämpfe den Charakter besonderer Ereignisse: hier wird die Gemeinschaft der Triathleten für sich selbst anschaulich, hier kommen die einzelnen Akteure zusammen, an diesen besonderen Orten und zu meist außergewöhnlichen Zeiten (oft dem Sonntagmorgen) können sie sich als eine Gemeinschaft erfahren. Bei den Wettkämpfen sind sich die Triathleten (zusammen mit Trainern, Familienangehörigen und Freunden) zumeist selbst auch das Publikum. Externe Zuschauer würden solche Wettkämpfe – wie ein Akteur sagt – *„stinklangweilig“* finden, weil das Wettkampfgeschehen, die Kämpfe der Triathleten mit sich selbst und mit dem Gegner, den Zuschauern nur schwer gezeigt werden können. Um dieses für den Triathlon konstitutive Darstellungsproblem zu kompensieren, werden die größeren Wettkämpfe von überregionaler Bedeutung als Events mit einem umfangreichen Beiprogramm inszeniert. Solche Events werden von den Triathleten dann wegen ihrer besonderen Atmosphäre geschätzt – man nimmt lange Anreisewege, teure Hotelzimmer und hohe Startgebühren in Kauf, um beispielsweise beim Triathlon in Ratzeburg oder beim *Ironman* in Roth dabei zu sein. Das Feld des Triathlons hat mit dem traditionellen Sport entsprechende formale Organisationsstrukturen von Verein und Verband gemeinsam.

Charakteristisch ist hierbei jedoch das ausgeprägt instrumentelle Verhältnis, das viele Triathleten zu diesen Organisationsformen haben. Oft wird der Sinn einer Vereinsmitgliedschaft lediglich darin gesehen, Zugang und Trainingsmöglichkeiten in den Schwimmhallen zu bekommen; viele Triathleten nehmen nur das Schwimmtraining vereinsmäßig in Anspruch und betreiben die beiden anderen Disziplinen Radfahren und Laufen alleine oder – sofern sich die individuellen Zeitpläne koordinieren lassen – mit einem Trainingspartner. Im Unterschied zu den meisten Vereinssportarten werden auch die Wettkämpfe selten als Konkurrenzen zwischen verschiedenen Vereinen oder Vereinsmannschaften ausgetragen; vielmehr steht hier die individuelle Konkurrenz in fein differenzierten, durch den Verband festgelegten Altersklassen eindeutig im Mittelpunkt. Am deutlichsten werden das instrumentelle Verhältnis und die individualistische Unterhöhlung der Sozialform des Vereins im Triathlon im weitgehenden Fehlen all jener aus dem Vereinssport bekannten Feste und Versammlungen, die der Pflege und Intensivierung der ‚Geselligkeit' dienen. Für ein solches Vereinsleben jenseits der sportlichen Praxis fehlen oft auch die entsprechenden Räumlichkeiten wie Vereinsheime, angestammte Gastwirtschaften o.ä. Während diejenigen Akteure, die ehrenamtlich Vereinsfunktionen übernommen haben, immer wieder über die mangelnde ‚Geselligkeit' der Triathleten Klage führen, konstatieren die übrigen Triathleten immer wieder ganz nüchtern, dass die Vereinsform über ihre genannten funktionalen Aspekte hinaus *„für die Kontakte untereinander eigentlich gar keine Bedeutung hat*", wie eine Akteurin es formuliert.

Subjektive Bedeutung des Triathlon: Auszug aus einer Fallstudie

Aus der Beobachtung und Beschreibung lassen sich Praktiken und soziale Beziehungen erschließen, die das jeweilige Feld kennzeichnen. Die subjektive Bedeutung des Sports und die individuellen Vorstellungen von Gemeinschaft, die mit diesem Sport verbunden sind, werden ausführlicher in den Erzählungen im Interview zugänglich, weshalb im Folgenden Auszüge der Analyse eines Interviews mit einer Akteurin aus dem Feld wiedergegeben werden:

Die Interviewpartnerin ist zum Zeitpunkt des Interviews 27 Jahre alt und kann. auf eine beinahe lebenslange Sport-Karriere zurückblicken:

> Angefangen hab ich als Sechs-, Siebenjährige mit Leichtathletik (...) Ich bin über eine Familie da reingerutscht, die alle Leichtathletik machen (...).

Über zahlreiche Stationen kam sie schließlich von der Leichtathletik zum Triathlon, eine Sportart, die sie seit drei Jahren „richtig", d.h. mit täglichem Training, regelmäßiger Teilnahme an Wettkämpfen und innerhalb von Vereinsstrukturen, für die sie sich engagiert, betreibt: „Also ich bin keine Leistungstriathletin in dem Sinne, sondern, sag ich mal, obere Breitensportabteilung". Auffällig an diesem Interview ist, dass die Interviewpartnerin in ihrer Darstellung des Triathlons (im Gegensatz zu anderen Befragten) kaum positive Aspekte dieser Sportart und ihrer Protagonisten benennt. Sie schildert die Akteure dieses Sports als verbissene, rigide Einzelkämpferinnen und -kämpfer, die „nicht offen“ und „auch oft nicht so lustig und fröhlich“ sind, sich selbst und die eigenen Gefühle ständig übergehen und sich als unfähig erweisen, intensivere, auf Gegenseitigkeit gegründete soziale Beziehungen einzugehen. Triathlon betreiben in ihrer Darstellung nicht diejenigen, die das Besondere, Intensive, Extravagante wollen, sondern nur die, die nicht anders können. Entsprechend beruhe die Zugehörigkeit zu dieser Sportart auch weniger auf einer Wahlentscheidung, die immer wieder auch rückgängig zu machen wäre („es gibt nie so Leute, die ganz aufhören und wieder anfangen. So ’ne Leute empfinden zwar wieder die Lust, also eine Freundin von mir, die denkt so, ach irgendwie war’s eine schöne Zeit, aber die würde nie wieder anfangen“), sondern vielmehr eher auf einer Wesenseigenschaft der Akteure: „Entweder die Leute sind vom Typ her ein Triathlet, sag ich mal, und dann hören sie mal kurzfristig auf und machen dann aber weiter (...)“. Die hier gegebene negative Stilisierung beginnt mit einer Zurückweisung der über die griechisch – ‚antikisierende‘ Wortschöpfung ‚Triathlon‘ transportierten Prätention:

> (...) bevor ich angefangen habe zu sagen, ich mach Triathlon, habe ich eigentlich immer gesagt, was machst du denn für Sportarten, das war auch heute fast so, obwohl ich schon zwei, drei Jahre jetzt Triathlon mache, dass ich gesagt hab, na ich laufe, Fahrrad und Schwimmen. Aber dieser Triathlon an sich hat für mich so’n bisschen abgehobene Bedeutung irgendwie (...) ja, das ist für mich so n bisschen abgehobener Begriff.

In einem betont nüchternen Understatement möchte sie ihren Sport lieber als ‚Laufen, Fahrrad und Schwimmen‘ verstanden wissen; die ‚abgehobene‘, d.h. auf Besonderheit und Exklusivität zielende Bezeichnung ‚Triathlon‘ verwendet sie nur ungern. Im weiteren Verlauf des Interviews sind es v.a. zwei miteinander verbundene Aspekte, auf die sie ihr Negativ-Image des Triathlons und der dieser Sportart zugehörigen Athletinnen und Athleten gründet.

Triathleten zeichnen sich für sie zum einen dadurch aus, dass sie „sich selber wenig kennen, nie selbst nach ihren Gefühlen auch mal was machen (...), die übergehen sich ständig (...)“. Die zur Absolvierung des enormen Trainingspensums im Triathlon von den Akteuren aufgebrachte Selbstdisziplin („Man muss sich schon extrem überreden selber oft und man braucht ziemlich viel Selbstdisziplin für diesem Sport“) trägt der Interviewten zufolge masochistische Züge; Triathleten versagen sich herkömmliche Vergnügen und Lüste, um sich aus einem bisweilen extremistischen „Sich Quälen“ Lust zu verschaffen. Dieses masochistische Selbstverhältnis zeige sich sogar darin, wie der „Triathlet an sich“ sauniert:

> (...) man sitzt in der Sauna, Sauna soll ja eigentlich was Schönes sein und was Entspannendes sein, und das letzte Mal fiel mir plötzlich auf, ich bin in die Sauna reingekommen, ich dachte, ich fall gleich rückwärts wieder aus der Tür raus. Da hatte der die so auf 100 Grad eingestellt, sitzt dann da, schrubbt sich mit einer Pferdebürste ab, wo ich denke, das ist ja unglaublich. Also so dieses je doller, desto besser, und je mehr quälen, desto besser (...).

Die Darstellung der Interviewpartnerin dieser durch Disziplin, Rigidität und Eskalation gekennzeichneten Selbsttechniken enthält eine Widersprüchlichkeit, mit der schließlich der zweite zentrale Aspekt des Negativ-Images, das sie vom Triathlon zeichnet, zusammenhängt: Obwohl die Triathleten sich ständig selbst übergehen, sind sie in einer fast pathologischen Ichbezogenheit permanent mit sich selbst beschäftigt. Dieser zwar extreme, das Selbst aber permanent verfehlende Selbstbezug verhindert den Bezug auf Andere. Sie sind „unheimlich individualistisch (...) jeder macht für sich", sie „machen dann ihr Ding und (...) das ist denen egal, ob du jetzt da bist oder nicht", sie sind wie bereits zitiert, „nicht offen" und deshalb nicht nur nicht in der Lage, sich in eine auf Solidarität und Gegenseitigkeit beruhende Gemeinschaft zu integrieren, sie können auch keine intensiven Liebesbeziehungen führen:

> Ich meine, das hat auch was mit einer Beziehung zu tun, und die finden natürlich auch nicht Personen, die so viel, sag ich mal, Wärme und Herzlichkeit brauchen und viel Zuneigung brauchen. Also das ist jetzt ziemlich extrem ausgedrückt, aber ich glaube, dass gerade so Triathleten dann auch wieder weniger Probleme in ihrer Beziehung haben, die man eigentlich vermuten würde, weil die Personen, die dazu in der Beziehung sind, auch nicht so anspruchsvoll sind in dem Bedürfnis zusammen zu sein.

In dieser Darstellung wird eine Polarität deutlich; sie konturiert ihre negative Stilisierung des Triathlon (und der Triathleten) vor dem Hintergrund von ihr positiv gesetzter Selbst- und Weltverhältnisse. So wird in ihrer Kritik am Individualismus der Triathleten deutlich, dass sie (zumal als Vereinsaktivistin) Gemeinschaftlichkeitsorientierungen, „Zusammenhalt" und Solidarität sehr hoch schätzt. In Kontrast zu einem sportlich ‚verplanten Leben', in dem rigide tägliche Trainingsprogramme alle anderen Vollzüge dominieren, positiviert sie Eigenschaften und Zustände wie Entspanntheit, Lässigkeit, insgesamt ein ungezwungenes laisser-faire. Dazu zählt, auch mal zu sagen, „ich hab heute mal keine Lust, ich leg mich ins Bett und glotz Fernsehen", oder „gemütlich frühstücken und mal sehen, was der Tag bringt". Nur ganz am Ende des Interviews schildert sie einen positiven Aspekt ihrer Triathlon-Praxis – dabei bleibt allerdings unklar, ob es sich um einen Wunsch oder um eine wirkliche Erfahrung handelt:

> Und das ist oft so dieses, was mir so ... was mir so fehlt. Ich geh oft zum Training, weil ich denke, ähh heute scheint die Sonne, ich hab richtig Bock jetzt, durch die Gegend zu fahren und mir

> die Vögel anzugucken und einfach aus der Stadt rauszukommen und auf den Waldwegen rumzuheizen und nicht, weil jetzt auf dem Trainingsprogramm steht 90 Minuten Radfahren. Und das ist so das, was mir oft so bei den Triathleten fehlt, so'n bisschen mehr zu gucken, was will ich eigentlich wirklich selber, ja? Das ist eigentlich alles.

Triangulation von Beobachtung und Befragung: Zum Erkenntnisgewinn in dieser Studie

Die Triangulation beider Zugänge zeigt einerseits die Umsetzung der distinguierenden Praxis im Feld über Aktivitäten, Attribute und Kommunikationsformen, wie die Szene im Schwimmbad verdeutlicht. Es wird weiterhin die Rolle von formellen Vergemeinschaftungsformen und von individualisierenden und informellen Abgrenzungsformen als Praktiken im Feld bei der Konstituierung von Sozialbeziehungen und Gemeinschaften deutlich. Dies eröffnet einen Zugang zur sozialen Konstruktion von Gemeinschaft in diesem Feld. Die Ambivalenzen, die für die Akteure mit dieser Form von (fehlender) Gemeinschaft verknüpft sind und die biographischen Wege, die sie dahin geführt haben, werden jedoch (nur – bzw. ergänzend) im Interview deutlich. Darin scheint der Beitrag des Einzelnen zur sozialen Konstruktion des Feldes durch. Darüber werden aber nicht nur Gemeinsamkeiten in den Daten und Analysen aus beiden methodischen Zugängen sondern mehr noch Diskrepanzen und unterschiedliche Facetten der sozialen Konstruktion des untersuchten Phänomens deutlich, die erst über die hier skizzierte Triangulation von Methoden und Forschungsperspektiven möglich wird.

Gesundheit und Krankheit von obdachlosen Jugendlichen

Als zweites Beispiel soll eine Studie zu Gesundheit und Krankheit obdachloser Jugendlicher (vgl. Flick/Röhnsch 2008) herangezogen werden, bei der die Verwendung unterschiedlicher qualitativer Methoden in einen ethnographischen Gesamtansatz eingebunden ist.

Beobachtung und Interviews mit obdachlosen Jugendlichen

Ausgangspunkt war die teilnehmende Beobachtung an zentralen Anlaufstellen bzw. Aufenthaltspunkten von Straßenjugendlichen. Darin ging es zunächst um die Lebenssituation von Jugendlichen zwischen 14 und 25 Jahren auf der Straße und im Laufe der Beobachtungen zunehmend um den Umgang mit gesundheitlichen Risiken und gesundheitsbezogene Verhaltensweisen und Interaktionen. Über die Beobachtungen und informelle Gespräche in diesem Rahmen ließen sich Themen für eine anschließende eher systematische Befragung von Jugendlichen sowie potentielle Interviewpartner identifizieren. Im ersten Teil des Projektes wurden 24 Jugendliche ausgewählt, wobei ihr Gesundheitszustand oder spezifische Erkrankungen keine Rolle spielten. Sie wurden zu Themen wie ihrem Einstieg in das Straßenleben und den familiären Hintergrund, zu ihrem Gesundheitsverständnis und dem Umgang mit gesundheitlichen Risiken in Bereichen wie Alkohol, Drogen, Ernährung und Sexualität befragt (vgl. Flick/Röhnsch 2006).

Breiten Raum nahm dabei auch der Umgang mit gesundheitlichen Problemen ein – wer wird in diesem Falle konsultiert, welche Erfahrungen wurden mit Selbsthilfe, Unterstützung durch die Szene oder mit der Inanspruchnahme medizinischer oder sozialpädagogischer Dienste und Professioneller gemacht? Die Befragungen wurden mit episodischen Interviews durchgeführt. Die Erzählungen und Aussagen wurden mit den parallel weitergeführten Beobachtungen in Beziehung gesetzt, um Anknüpfungspunkte und Unterschiede herauszufinden. Dies lässt sich etwa am Beispiel der Inanspruchnahme von Ärzten im Falle von gesundheitlichen Problemen zeigen. Es ließen sich verschiedene Muster des Inanspruchnahmeverhaltens insbesondere in Bezug auf Ärzte in den Daten identifizieren (vgl. ausführlicher: Flick/Röhnsch 2008, Kap. 9):

Arztbesuch als verantwortungsbewusstes Handeln: Dieses Muster, für das sich eher selten Beispiele finden ließen, ist dadurch gekennzeichnet, dass die Jugendlichen eine Verschlimmerung von Beeinträchtigungen vermeiden wollen und diese daher nicht passiv hinnehmen. Die Betroffenen wissen primär aus eigener Erfahrung, wie Beschwerden nachhaltig gelindert werden können und welche Maßnahmen dafür eher ungeeignet sind.

Bevorzugung von Selbsthilfe: Die Jugendlichen versuchen, Beeinträchtigungen zunächst aus eigener Kraft zu bewältigen. Der Arztbesuch kommt erst in Frage, wenn Beschwerden fortdauern oder sich verschlimmern. Im Rahmen ihrer Selbsthilfe nehmen diese Betroffenen die Unterstützung von Szenenangehörigen in Anspruch, die mit nicht-verschreibungspflichtigen Medikamenten oder mit (homöopathischen) Hilfsmitteln aushelfen.

Arztbesuch als Rechtfertigung riskanten Verhaltens: Diese Jugendlichen sehen sich nicht in der Verantwortung für ihre Gesundheit. Zwar wissen die Befragten, dass Beschwerden wie häufige Magenschmerzen oder wiederholte Verletzungen durch den intensiven Alkohol- und Drogenkonsum bedingt sind oder eine Folge der eigenen Gewalttätigkeit darstellen, dennoch halten sie an ihrem riskanten Verhalten fest. Wenn diese Jugendlichen Gesundheitsstörungen als eine unabänderliche Folge ihrer Lebensweise in Kauf nehmen, dann auch im Vertrauen darauf, dass bei Bedarf eine wirksame ärztliche Unterstützung zur Verfügung steht. Arztbesuche dienen insofern zur Rechtfertigung riskanten Verhaltens, vermag es doch der Arzt, Gesundheit wieder ‚herzustellen' und Störungen zu ‚reparieren'.

Arztbesuch als Notlösung: Für dieses Muster ist es charakteristisch, dass die Jugendlichen ihre Beeinträchtigungen über längere Zeit hinweg passiv ertragen und allenfalls versuchen, einzelne Symptome zu lindern. Die Betroffenen sind gleichgültig gegenüber ihren Beschwerden und bemüht, so weiterzuleben wie bisher in der Hoffnung, dass sich ihr Gesundheitszustand von selbst bessert. Ob die Jugendlichen versuchen, auf Beeinträchtigungen Einfluss zu nehmen, hängt vor allem davon ab, ob sie dazu ‚Lust' haben.

Fatalismus: Schließlich gibt es auch Fälle, in denen die Jugendlichen angesichts sehr schwerer Erkrankungen resignieren und die Annahme einer langfristigen ärztlichen Unterstützung verweigern. Besonders, wenn die Betroffenen davon ausgehen, dass ihre Krankheit unheilbar ist, glauben sie nicht mehr daran, dass eine adäquate medizinische und psychosoziale Betreuung dazu beitragen kann, wenigstens Lebensqualität zu wahren. Sie akzeptieren nur noch Medikamente, die unerträgliche Symptome kurzfristig lindern. Dies zeigt sich etwa an folgender Beobachtung:

> Jan hat Aids im Vollstadium und antwortet auf die Frage nach seinem Befinden, es müsse ja gehen, er käme schon noch klar, und jetzt sei es ohnehin zu spät, eine wesentliche Besserung zu erwarten, es könne ja nichts mehr für ihn getan werden. Zu der Obdachlosenärztin ginge er, sie würde ihn mit Schmerzmitteln versorgen, und etwas anderes wolle er gar nicht mehr (A-22.02.2005).

Die Übersicht in Tabelle 4-1 zeigt, welche der Muster des Umgangs mit Gesundheitsproblemen sich in den Beobachtungsprotokollen und welche sich in den Interviews gezeigt haben. Wenn das Muster auch in den Interviews gefunden wurde, wird dargestellt, auf wie viele Jugendliche welchen Geschlechts es zutrifft (vgl. Tabelle 4-1).

Tabelle 4-1: Muster der Inanspruchnahme und ihre Verteilung

Muster	Beobachtungen	Interviews	Jugendliche		
			Männl. N=12	Weibl. N=12	Total N=24
Arztbesuch als verantwortungsbewusstes Handeln	x	x	1	2	3
Bevorzugung von Selbsthilfe	x	x	3	4	7
Arztbesuch als Rechtfertigung riskanten Verhaltens	-	x	2	2	4
Arztbesuch als Notlösung	x	x	6	4	10
Fatalismus	x	-	-	-	-

An diesem Ausschnitt soll exemplarisch deutlich werden, dass die Verwendung von Beobachtung und Interviews auch in dieser Studie unterschiedliche Aspekte des Forschungsgegenstandes bzw. der Fragestellung zugänglich machen kann.

Interviews mit chronisch kranken obdachlosen Jugendlichen und Experten

Im Fortgang der Studie wurde ausgehend von den Erkenntnissen aus Beobachtungen und Befragungen der Fokus für das weitere Vorgehen auf Jugendliche, die mit chronischen Erkrankungen unterschiedlichen Schweregrads auf der Straße leben, gelegt. Im zweiten Teil der Studie wurde der methodische Zugang neben Interviews mit den Jugendlichen um Experteninterviews erweitert. Darüber werden verschiedene Perspektiven auf den Umgang mit chronischen Erkrankungen obdachloser Jugendlicher eingenommen: In episodischen Interviews wurden je 12 weibliche und männliche Jugendliche mit einer oder mehreren chronischen Erkrankungen von Neurodermitis über Asthma, Allergien, Anorexie, Adipositas, Hepatitis C u.a. zu ihren Erfahrungen mit der eigenen chronischen Erkrankung und dem Leben auf der Straße damit und insbesondere zu Belastungen durch das Straßenleben und zu Erfahrungen mit medizinischen und psychosozialen Hilfeangeboten befragt. Ergänzend wurden Experteninterviews mit 12 Mitarbeitern verschiedener Institutionen durchgeführt. Dabei handelt es sich um Institutionen, die potentielle Anlaufstellen für die erkrankten Jugendlichen darstellen. Bei den Experten wurden Ärzte und Sozialarbeiter einbezogen aus den Bereichen Straßensozialarbeit, Obdachlosenpraxen sowie der Versorgung spezieller Teilgruppen (Stricher, Hepatitis-C Kranke etc.). Diese wurden zu ihrer Wahrnehmung der Problematiken und der Zielgruppe der obdachlosen chronisch kranken Jugendlichen, zu Defiziten ihrer Versorgung und zur Inanspruchnahme von Diensten durch diese Zielgruppe befragt. Dabei zeigen sich Unterschiede in der Einschätzung des Angebots für die Jugendlichen durch Experten und Betroffene, aber auch Überschneidungen in der Wahrnehmung der Einflüsse des Straßenlebens auf den Verlauf der Krankheiten. So ließen sich drei Muster der Inanspruchnahme von ärztlicher Hilfe in den Erzählungen der Jugendlichen identifizieren (vgl. ausführlicher Flick/Röhnsch 2008, Kap. 11):

Arztbesuch als Selbstverständlichkeit: Das erste Muster ist dadurch gekennzeichnet, dass sich der Arztbesuch in den Augen der Befragten nicht vermeiden lässt, wenn die Erkrankung halbwegs erträglich verlaufen soll. Zu ihrem Arzt haben diese Befragten genügend Vertrauen, um es offen einzuräumen, wenn sie Behandlungsempfehlungen aufgrund ihres Geldmangels oder angesichts eigener Vorbehalte nicht umsetzen können oder wollen. Da der Arzt als Person erlebt wird, mit der solche Schwierigkeiten besprochen werden können, sehen die Jugendlichen keine Notwendigkeit, die Behandlung abzubrechen. Diese vollzieht sich als eine beiderseitige Aushandlung, in deren Rahmen es für den Behandelnden gilt, so viele Freiräume wie möglich einzuräumen, und für den Jugendlichen, so viele auf die Therapie bezogene Kompromisse wie nötig einzugehen.

Arztbesuch als ferne Möglichkeit: Für dieses Muster ist es typisch, dass die Jugendlichen einen Behandlungsbedarf ihrer Krankheit zwar nicht bezweifeln, gegenwärtig aber keine regelmäßige medizinische Behandlung erhalten und letztlich auch davor zurückschrecken, zu dem Zweck den Arzt aufzusuchen. Wenn ein regelmäßiger Arztbesuch vermieden und dieser lediglich als eine ‚ferne' Möglichkeit gesehen wird, basiert das auf verschiedenen Ursachen. So gehen die Befragten davon aus, ‚noch Zeit' zu haben, bevor sie den Arzt aufsuchen müssen, da das aktuelle Krankheitsstadium als relativ harmlos erscheint. Erst, wenn die Erkrankung zu einem Hindernis dafür wird, am Alltag teilzuhaben, oder wenn sie den Betroffenen in seinem Aussehen so entstellt, dass der Ausschluss aus dem sozialen Umfeld droht, ergibt sich die Notwendigkeit des Arztbesuchs. Dass dieser bisher noch nicht erforderlich war, erscheint als eine glückliche Fügung.

Der Arzt als Risiko: Dieses Muster ist dadurch gekennzeichnet, dass die Befragten eine ärztliche Behandlung meist in der Annahme ablehnen, dass sie sowieso nichts nutzt, dafür umso mehr schadet. Das Muster trifft auf sechs Jugendliche zu. Diese Jugendlichen sind dem Arzt gegenüber sehr misstrauisch, da sie sich in Situationen, in denen sie sich besonders auf ihn angewiesen sahen, allein gelassen fühlen. Das Bedürfnis nach ärztlichem Trost, Mitgefühl und Ermutigung ist vor allem während der Diagnosestellung gegeben, die häufig einen ‚Schock' bedeutet. Diesen mildert der Arzt nicht, da er als sehr unpersönlich erlebt wird und auf die Ängste des Betroffenen nicht eingeht.

Diese Muster finden sich unterschiedlich häufig bei den Jugendlichen, wobei v.a. das letztgenannte Muster anzutreffen ist (vgl. Tabelle 4-2).

Tabelle 4-2: Muster des Inanspruchnahmeverhaltens chronischer Kranker

Muster	Jugendliche		
	Männlich N = 6	Weiblich N = 6	Total N = 12
Arztbesuch als Selbstverständlichkeit	2	1	3
Arztbesuch als ferne Möglichkeit	1	2	3
Arztbesuch als Risiko	3	3	6

Die Experten dagegen gehen mehrheitlich davon aus, dass die Jugendlichen eine Auseinandersetzung mit der chronischen Krankheit unter den Bedingungen des Straßenlebens ‚vertagen', wobei sich zwei Erklärungsansätze finden lassen, die hier ebenfalls nur kurz zusammengefasst werden können (vgl. ausführlicher Flick/ Röhnsch 2088, Kap. 14):

Ignorieren: Wenn die Jugendlichen ihre Krankheit nicht ernst nehmen, beruht das nach Meinung v. a. der befragten Sozialarbeiter einerseits auf ‚Wissensdefiziten‘ und Wahrnehmungsverzerrungen. So können Symptome keinem bestimmten Krankheitsbild zugeordnet werden. Zudem neigen die Betroffenen zu bestimmten Fehleinschätzungen, denen geringe Kenntnisse ebenso wie szeneninterne Mythen zugrunde liegen.

Krankheit als Wendepunkt: Allerdings verweisen zwei Sozialarbeiter darauf, dass die Krankheit für einige wenige Betroffene auch zu einer Zäsur wird, die sie dazu bringt, die bisherige Lebensweise kritisch zu überdenken. Insbesondere Krankenhausaufenthalte können zu einer Sensibilisierung für die eigenen gesundheitlichen Belange führen und das Bestreben erwecken, bestimmte (Verhaltens-)Risiken zu meiden, auch mit Hilfe von Sozialarbeitern. Eine Änderung der eigenen Lebensweise läuft somit auf einen partiellen Ausstieg aus dem Straßenleben hinaus. Wenn die Erkrankung dafür jedoch den einzigen Anlass bildet, halten die Experten eine nachhaltige Änderung der eigenen Lebensweise für wenig wahrscheinlich.

Suche nach (informeller) Hilfe: Einige Experten verdeutlichen, dass die Jugendlichen in der Auseinandersetzung mit ihrer Erkrankung auf die Hilfen von Anderen – weniger auf die von Ärzten als auf die von Szenenangehörigen – vertrauen. Diese erteilen den Betroffenen Ratschläge zum Umgang mit der Erkrankung, schicken sie zum Arzt oder leisten praktische Hilfe, etwa durch das Anlegen von Verbänden. Solche Formen der Unterstützung empfinden diese Befragten allerdings als zweischneidig. So verweisen sie darauf, dass die Jugendlichen als medizinische Laien nicht über die erforderlichen Kompetenzen verfügen, um (Selbst-) Behandlungen durchzuführen. Infolgedessen droht informelle Hilfe die gesundheitlichen Probleme eher zu vergrößern. Durch die erhaltene Unterstützung sind die Jugendlichen zudem von der Szene abhängig und an deren Erwartungen eines konformen, mithin riskanten Verhaltens gebunden. Überdies stehen ihnen in der Szene keine Ressourcen zur Verfügung, die geeignet wären, nachhaltig krankheits- und zugleich lebensweltliche Belastungen zu lindern. Die Betroffenen bleiben somit in ihrer Situation gefangen, Zugänge zu sozialen Bezügen jenseits der Straße sind ihnen versperrt. Diese Erklärungsansätze verteilen sich unterschiedlich über die Berufsgruppen (vgl. Tabelle 4-3).

Befragt nach den Gründen, warum Jugendliche existierende Versorgungsangebote nicht in Anspruch nehmen, werden drei Bereiche genannt: eher in der Person des Jugendlichen liegende Gründe (geringe Vertrauensbereitschaft, intensiver Konsum von Alkohol und Drogen), administrativ-strukturelle Gründe (Praxisgebühr, Zuzahlungen zu Medikamenten können nicht erbracht werden) und schließlich negative Einstellungen zur Zielgruppe bei den Professionellen, die sich hinderlich auf die Arbeit mit dieser auswirken. Wenn die Betroffenen spüren, dass ihnen die

Professionellen nicht vertrauen und sie offen oder insgeheim ablehnen, verzichten sie auf die Inanspruchnahme formeller Hilfe (vgl. Tabelle 4-4).

Tabelle 4-3: Umgangsweisen mit chronischer Krankheit aus Expertensicht

Bewältigungsreaktionen (Mehrfachnennungen)	Berufsgruppe		
	Ärzte	Sozialarbeiter	Total
	N = 5	N = 7	N = 12
Ignorieren	3	6	9
Krankheit als Wendepunkt	--	2	2
Suche nach (informeller) Hilfe	2	1	3

Tabelle 4-4: Hindernisse der Inanspruchnahme aus Expertensicht

Hindernisse der Inanspruchnahme (Mehrfachnennungen)	Berufsgruppe		
	Ärzte	Sozialarbeiter	Total
	N = 5	N = 7	N = 12
Person des Jugendlichen	5	5	10
Einstellung der Experten	2	2	4
Administrativ-strukturell	5	6	11

Damit zeigen sich bei den Jugendlichen und Experten unterschiedliche Wahrnehmungen der Gründe und Umstände dafür, dass chronisch kranke Jugendliche auf der Straße nicht die Versorgung in Anspruch nehmen bzw. erhalten, die sie benötigen.

Triangulation von Beobachtung und verschiedenen Befragungen: Zum Erkenntnisgewinn in dieser Studie

Die Triangulation der drei Zugänge Beobachtung, Interviews mit Jugendlichen und Experteninterviews kann wiederum unterschiedliche Aspekte des untersuchten Phänomens „Gesundheit und Krankheit bei obdachlosen Jugendlichen" verdeutlichen: Die Beobachtung gibt einen Einblick in individuelle und gemeinsame Praktiken und Umgangsweisen in Bezug auf gesundheitsrelevante Problemen. Die Interviews mit den Jugendlichen ermöglichen einen Zugang zu Bereichen, die sich der Beobachtung verschließen, und zu situationsübergreifenden Einschätzungen, Erfahrungen und Umgangsweisen aus der Sicht der Interviewten. Die Experteninterviews liefern Einschätzungen der Problematik und Lebenssituation über den Einzelfall des jeweils befragten Jugendlichen hinaus. Alle drei Ebenen des Zugangs zusammen betrachtet zeigen Widersprüche und Unterschiede aber auch Überschneidungen und Ergänzungen in der Problemwahrnehmung und -darstellung (vgl. Flick/Röhnsch 2008).

4.5 Triangulation in der Ethnographie – ein Fazit

Triangulation in der Ethnographie wird in unterschiedlicher Form und Konsequenz in der Ethnographie angewendet. Teilweise wird sie als konstitutiv für die ethnographische Haltung im Feld gesehen, dann aber meistens implizit angewendet. Teils wird sie explizit und konsequent bis hin zum Triangulationsgebot eingefordert. Als Probleme werden dabei auch Fragen der notwendigen Kompetenzen für die Anwendung von zwei (oder mehr) methodischen Zugängen aufgeworfen. Kelle endet ihren Beitrag mit der skeptischen Feststellung:

> In der Methodenliteratur wird aber gerne so getan, als könne man sich verschiedener theoretischer Ansätze und Methoden wie aus dem Regal bedienen (2001: 206).

Erfolgreiche Anwendung der Triangulation setzt sicherlich ein hohes bzw. höheres Maß an theoretischer Kompetenz(en) voraus und erwartet die Einarbeitung in die verschiedenen Ansätze, die trianguliert werden sollen. Aber trifft das nicht auch für die Beschreibungen der ethnographischen Forschungspraxis, die sich bei Autoren wie Amann, Hirschauer, Lüders, Atkinson, Hammersley und Deegan finden, ohnehin zu, auch wenn der Anspruch der Triangulation nicht explizit benannt oder umgesetzt wird? Eine Lösung für das von Kelle benannte Problem kann auch darin liegen, weniger eine implizite Triangulation in der Ethnographie zu praktizieren als explizit auf gezielt ausgewählte und dann auch systematisch angeeignete und eingesetzte Methoden und ihre Triangulation zu setzen, ohne dabei in jedem Falle von einem Triangulationsgebot auszugehen. In der ethnographischen Forschungspraxis führt die Triangulation von Datensorten und Methoden sowie von theoretischen Perspektiven zu erweiterten Erkenntnismöglichkeiten, die sich aus Konvergenzen aber mehr noch aus den Divergenzen, die sie hervorbringen bzw. produzieren, speisen.

Weiterführende Literatur

Im ersten Buch wird die Umsetzung der in diesem Kapitel beschriebenen Ansätze und Methoden ausführlicher beschrieben. Der Artikel von Kelle diskutiert kritisch Möglichkeiten und Grenzen der Triangulation in der Ethnographie, während Lüders die Prinzipien der Ethnographie allgemeiner behandelt.

Flick Uwe/Röhnsch Gundula (2008): Gesundheit und Krankheit auf der Straße – Vorstellungen und Erfahrungsweisen obdachloser Jugendlicher. Weinheim: Juventa.

Kelle, Helga (2001): Ethnographische Methoden und Probleme der Triangulation – Am Beispiel der Peer Culture Forschung bei Kindern. *Zeitschrift für Soziologie der Erziehung und Sozialisation*, 21, S. 192-208.

Lüders, Christian (2008a): Beobachten im Feld und Ethnographie. In: Uwe Flick/Ernst v. Kardorff/ Ines Steinke (Hrsg.): Qualitative Forschung – Ein Handbuch. Reinbek: Rowohlt, S. 384-402.

5. Triangulation qualitativer und quantitativer Forschung

Die methodische und methodologische Diskussion war lange Zeit von einer scharfen Distinktionsargumentation geprägt, die vor allem die unterschiedlichen theoretischen, epistemologischen und forschungspraktischen Ansatzpunkte von qualitativer und quantitativer Forschung hervorhob. In der amerikanischen Diskussion wurde dies mit dem Schlagwort von den „Paradigm-Wars“ (Lincoln/Guba 1985) bezeichnet.

Diese Distinktionsargumentation hat einerseits eine Schärfung des methodischen Profils der qualitativen Forschung und eine zunehmende Differenzierung in diesem Feld zur Folge. Andererseits hat sie dazu geführt, dass quantitativ-standardisierte Forschung sich relativ unbeeindruckt weiter mit ihren Themen und internen Methodenproblemen beschäftigt hat und die beiden Bereiche – qualitative und quantitative Forschung – relativ unabhängig nebeneinander stehen blieben und sich entwickelten.

5.1 Zur Aktualität der Verbindung qualitativer und quantitativer Forschung

Seit einigen Jahren sind verschiedene Trends zu beobachten, durch die eine strikte Trennung zwischen qualitativer und quantitativer Forschung überwunden werden soll. Ausgangspunkt ist die sich langsam durchsetzende Erkenntnis, „dass qualitative und quantitative Methoden eher komplementär denn als rivalisierende Lager gesehen werden sollten“ (Jick 1983: 135). Diese Trends laufen auf die Verbindung qualitativer und quantitativer Forschung hinaus. Genereller lassen sich mit Bryman (2008) zwei Ebenen unterscheiden, auf denen das Verhältnis von qualitativer und quantitativer Forschung – und damit auch die Möglichkeit bzw. Unmöglichkeit ihrer Triangulation – diskutiert wird: Auf der Ebene der „epistemology“ wird eher auf die grundsätzliche Unvereinbarkeit beider Zugänge gelegentlich unter Rückgriff auf die jeweils spezifischen Paradigmen abgehoben. In der „technical version“ der Diskussion werden dagegen diese Unterschiede gesehen, aber nicht als unüberwindlich oder zumindest nicht als unmöglich zu berücksichtigen betrachtet. Vielmehr geht es hierbei mehr um den Nutzen und Beitrag des einen Ansatzes für den anderen. In eine ähnlichen Richtung argumentiert Hammersley (1996: 167-168), der drei Formen der Verknüpfung qualitativer und quantitativer Forschung unterscheidet: Die *Triangulation* beider Ansätze, wobei er den Schwerpunkt auf die wechselseitige Überprüfung der Ergebnisse legt und weniger die wechselseitige Ergänzung der Erkenntnismöglichkeiten sieht. *Facilitation* betont die unterstützende Funktion des jeweils anderen Ansatzes – bspw. liefert der eine Ansatz Hypothesen und Denkansätze für die Weiterführung der Analysen mit dem anderen Ansatz. Schließlich können beide Ansätze als *komplementäre* Forschungsstrategien kombiniert werden.

Bryman (1988, 1992) benennt elf Varianten der Verknüpfung quantitativer und qualitativer Forschung. Die Logik der Triangulation (1) steht für die Überprüfung etwa qualitativer durch quantitative Ergebnisse. Qualitative kann quantitative Forschung unterstützen (2) und vice versa (3), beides wird zur Herstellung eines allgemeineren Bildes des untersuchten Gegenstandes (4) verknüpft. Strukturelle Aspekte werden durch quantitative und Prozessaspekte durch qualitative Methoden erfasst (5). Die Perspektive des Forschers ist die treibende Kraft in quantitativen Zugängen, während bei qualitativer Forschung die Sicht der Subjekte im Vordergrund steht (6). Fragen der Generalisierbarkeit (7) lassen sich für Bryman vor allem durch die Hinzuziehung von quantitativen Erkenntnissen für die qualitative Forschung angehen. Qualitative Erkenntnisse (8) unterstützen die Interpretation von Zusammenhängen zwischen Variablen quantitativer Datensätze. Die Beziehung zwischen Mikro- und Makroebene in einem Gegenstandsbereich (9) kann durch die Kombination qualitativer und quantitativer Forschung geklärt werden, die in verschiedenen Phasen des Forschungsprozesses (10) eingesetzt werden können. Schließlich werden Hybridformen (11) – wie die Verwendung qualitativer Forschung in quasiexperimentellen Designs – genannt (vgl. Bryman 1992: 59-61 und 1988, Kap. 6).

Insgesamt gibt diese Übersicht eine breite Palette von Varianten wieder. Dabei sind die Varianten 5, 6 und 7 davon bestimmt, dass qualitative Forschung andere Aspekte als quantitative Forschung erfasst und deren Kombination sich in dieser Unterschiedlichkeit begründet. Kaum eine Rolle in den genannten Varianten spielen theoretische Überlegungen, der gesamte Ansatz von Bryman ist stark der Forschungspragmatik verpflichtet. Die Rolle der Triangulation bleibt dabei wenig konkret. Sie wird auch zu eng an der Überprüfung der Ergebnisse festgemacht.

In anderem Kontext werden die Integration qualitativer und quantitativer Verfahren (Kluge/Kelle 2001) oder die sog. Mixed Methodologies (Tashakkori/Teddlie 2003a), aber auch die Triangulation von qualitativen und quantitativen Methoden (Kelle/Erzberger 2008; Flick 2007) diskutiert. Die Begriffe verdeutlichen, dass mit diesen Ansätzen unterschiedliche Ansprüche verknüpft sind.

5.2 Mixed Methods

Bei den Mixed Methodologies geht es vor allem darum, eine pragmatische Verknüpfung von qualitativer und quantitativer Forschung zu ermöglichen, wodurch die paradigm wars beendet werden sollen. Dieser Ansatz wird als ein „third methodological movement" (Tashakkori/Teddlie 2003b: ix) bezeichnet, die an quantitative Methoden als erste und qualitative Methoden als zweite Bewegung anschließt. Die methodologische Auseinandersetzung mit diesem Ansatz zielt auf die Klärung von Begrifflichkeiten („Nomenclature"), von Design- und Anwendungsfragen der Mixed Methods Forschung sowie der Fragen des Schlussfolgerns darin ab. Methodologisch geht es um die „paradigmatische Begründung" der Mixed Methods Forschung. Die Verwendung des Paradigma-Begriffes in diesem Zusammenhang betont zwei geschlossene Ansätze. Diese können wiederum differenziert, kombiniert, oder jeweils abgelehnt werden, ohne dass eine Auseinandersetzung mit den konkreten methodologischen Problemen der Verknüpfung realisiert werden muss. Der Triangulationsbegriff wird dabei von verschiedenen Autoren eher abgelehnt (z.B. Sandelowski 2003; Tashakkori/Teddlie 2003c), nicht zuletzt um das eigene Konzept der Mixed Methods Forschung durchzusetzen.

Ansprüche und Ziele der Mixed Methods Forschung

Als Anspruch der Mixed Methods Forschung wird formuliert:

> We proposed that a truly mixed approach methodology (a) would incorporate multiple approaches in all stages of the study (i.e., problem identification, data collection, data analysis, and final inferences) and (b) would include a transformation of the data and their analysis through another approach (Tashakkori/Teddlie 2003b: xi).

Diese Ansprüche sind sehr weitgehend, vor allem wenn man die Überführung (Transformation) von Daten und Analysen (qualitative in quantitative und vice versa) berücksichtigt. Diese Ansprüche werden jedoch in der aktuellen Forschung mit diesen Ansätzen nur sehr begrenzt realisiert:

> Leider wird aber die Planung und Durchführung von ‚Mixed Methods' Studien in vielen Fällen von pragmatischer Hemdsärmeligkeit bestimmt, bei der man methodische Konzepte wählt, die in der Praxis zu funktionieren scheinen, ohne sich allzu viele Gedanken über deren methodologische Grundlagen zu machen (Kelle 2007: 9).

Besonders deutlich wird dies in einer Systematisierung von Mixed Method Designs in einer Typologie (Teddlie/Tashakkori 2006), in der verschiedene Kriterien für eine solche Typologisierung genannt werden. Darin tauchen „function of the research study" und „theoretical perspective" in der Liste der Kriterien zwar auf, werden jedoch nicht berücksichtigt. Das erst (function) wird nicht als Planungs- oder Designelement angesehen, sondern als Frage des Outcomes einer Mixed Method Studie (2006: 13). Theoretische Perspektiven – hier wird nur eine „transformative-emancipatory orientation" genannt (2006: 13) – werden hier nicht berücksichtigt, da solches weniger die Planung als den Anlass einer Forschung beträfe. Andere theoretische Perspektiven jenseits der genannten, werden nicht erwähnt. Auch wenn der Artikel sich speziell auf die Frage von Mixed Method Designs konzentriert, zeigt der Umgang mit Theorie und Funktion sehr deutlich die konsequent pragmatische, ausschließlich methodenbezogene Herangehensweise an die Kombination qualitativer und quantitativer Forschung. Die hier verwendeten Kriterien sind dann konsequenterweise: Die Zahl der methodischen Herangehensweisen, Zahl der Stränge oder Phasen, Art der Implementation, die Phase, in der die Integration angestrebt wird, und welcher Ansatz Priorität hat (2006: 13).

Integration qualitativer und quantitativer Ergebnisse in Mixed Methods

Der Integration qualitativer und quantitativer Verfahren geht einen Schritt weiter. Hier wird vor allem die Entwicklung integrativer Forschungsdesigns (Kluge 2001) und die Integration von qualitativen und quantitativen Ergebnissen (Kelle/Erzberger 2008, 2003) diskutiert, ohne dass jedoch der Begriff der Integration klar formuliert wird. Dabei soll zunächst einmal geklärt werden:

> Für welche sozialwissenschaftlichen Untersuchungsgegenstände sind eher qualitative, für welche Forschungsfragen sind eher quantitative Verfahren geeignet? Welche Methodenprobleme qualitativer und quantitativer Forschung werden durch bestimmte Untersuchungsgegenstände erzeugt? Wie können Stärken beider Methodentraditionen genutzt werden, um diese Methodenprobleme zu lösen? (Kelle 2007: 15)

Dabei lassen sich verschiedene Ziele realisieren, wie Kelle weiter ausführt:

> Methodenkombination in *Mixed Methods Designs* kann der *Erklärung überraschender statistischer Befunde* dienen, sie kann beitragen zur *Identifikation von Variablen, die bislang unerklärte statistische Varianz aufklären*, sie kann der *Untersuchung der Geltungsreichweite von qualitativen Forschungsergebnissen* dienen, sie kann die *Fallauswahl in qualitativen Studien* steuern, und sie kann bei der *Aufdeckung und Beschreibung von Methodenartefakten in qualitativen und quantitativen Studien* helfen“ (2007: 23).

Kelle führt zur Bestimmung der Potentiale beider Forschungsrichtungen in einer Integration qualitativer und quantitativer Methoden den Ansatz der Strukturen begrenzter Reichweite als Indikation qualitativer und/oder quantitativer Methoden ein, je nach Eigenschaft und Reichweite der Strukturen. Ausgangspunkt ist dabei, dass mit unterschiedlichen Methoden unterschiedliche Probleme behandelt werden können, wobei in jedem Fall die Reichweite der untersuchten bzw. gefundenen Strukturen begrenzt ist. Hierzu entfaltet Kelle die Idee weiter, dass qualitative Forschung v.a. für die Analyse von mikrosoziologischen Fragen geeignet ist, insbesondere die Analyse der Akteursperspektive. Quantitative Forschung ist demnach v. a. für die Untersuchung makrosoziologischer Fragen, insbesondere von sozialstrukturellen Zusammenhängen notwendig. Ein Problem bei dieser Argumentation von Kelle ist, dass hier Methodenprobleme mit theoretischen Problemen und theoretischen Ansätzen zusammen diskutiert werden. Qualitative Forschung ist nicht notwendigerweise auf Mikrosoziologische Fragestellungen beschränkt, noch lassen sich mikrosoziologische Fragestellungen nicht mit quantitativen Methoden untersuchen. Weiterhin sind qualitative Methoden und qualitative Forschung nicht notwendigerweise auf Akteursperspektiven gerichtet oder beschränkt, quantitative Ansätze nicht notwendigerweise auf abstrakte Strukturen. Bspw. kann man mit quantitativen Methoden durchaus die Häufigkeit bestimmter Perspektiven auf ein bestimmtes Problem bei den relevanten Akteuren untersuchen oder mit qualitativen Methoden strukturelle Gegebenheiten und Zwänge von Interaktionen in Institutionen analysieren. Weiterhin findet die Triangulation (bzw. Verknüpfung oder Integration) bei Kelle v.a. bis ausschließlich auf der Ebene Verbindung bzw. Gegenüberstellung von Ergebnissen ihre Umsetzung. Trotz dieser Probleme ist der Ansatz von Kelle durch den Versuch einer weiteren Ausdifferenzierung der allgemeinen Idee einer Integration qualitativer und quantitativer Forschung bzw. beider Methoden gekennzeichnet, die zu einer Klärung des Verhältnisses beitragen kann.

Bilanzen der Mixed Methods Forschung

Auch einige der führenden Protagonisten der Mixed Methods Ansatzes ziehen eher ernüchterte Bilanzen: Bryman hat 232 Artikel aus den Jahren 1994 – 2003 analysiert, die mit den Stichworten „qualitativ und quantitativ"; „multimethod"; „mixed method" und „triangulation" bezeichnet wurden. Dabei zeigte sich, dass die Studien v. a. Fragebogen (82,4%) und Interviews (71,1%) verwenden, meist in Querschnittdesigns (62,9%) und dass 41,8% diese drei Herangehensweisen kombinieren. Das Spektrum sozialwissenschaftlicher Forschung wird bei Mixed Methods Forschung eher begrenzt ausgeschöpft (Bryman 2006). Greene (2008: 17) hat offene Fragen in der Mixed Methods Diskussion identifiziert: Es gebe kaum konzeptuelle Arbeiten dazu, wie Methoden für eine gegebene Fragestellung ausgewählt werden sollen oder worauf sich das *mixing* in den Ansätzen tatsächlich bezieht und schließlich zu einer Methodologie der Mixed Methods. Einerseits ist die methodologische Grundlage der Mixed Methods Forschung unterentwickelt und andererseits wenig geklärt, welche Methoden warum mit einander kombiniert werden (sollen). Creswell (2009) hat das Feld der Mixed Methods Forschung abgesteckt („maps") und mit den Diskussionen der Mixed Methods Konferenz in Cambridge 2008 verglichen und kommt dabei zu folgendem Ergebnis:

> I was surprised to not find any papers at the conference on theoretical lens and mixed methods research, such as ethnic, racial, disability, sexual orientation and feminist topics as used in mixed

> methods studies [...], that no papers were taking on the issue of validity [...] to learn that the conference papers did not continue to probe a definition of mixed methods (Creswell 2009: 97-98).

Auch hier ergibt sich einerseits der Schluss einer methodologischen Begrenztheit der Mixed Methods Diskussion („lacks"). Andererseits verdeutlichen diese Bilanzen, dass Mixed Methods eher hinter den (auch in Abgrenzung zur Triangulation) selbst formulierten Ansprüchen (vgl. hierzu Tashakkori/Teddlie 2003) zurückbleibt.

Ein Teil der offenen Fragen in diesen Bilanzen sind in der Debatte über die Triangulation seit längerem behandelt, insbesondere wenn man die in diesem Band beschriebene systematische Perspektiven-Triangulation (s. o., 2.4) als ein starkes Programm der Triangulation (vgl. hierzu Flick 2011a) auf die Kombination qualitativer und quantitativer Ansätze überträgt.

5.3 Qualitative und quantitative Designs

In verschiedenen Zusammenhängen wird die Entwicklung integrierter Designs aus qualitativer und quantitativer Forschung gefordert. Miles und Huberman (1994: 41) bspw. schlagen vier Basisdesigns vor (vgl. Abb. 5-1).

Abbildung 5-1: Basisdesigns zur Verbindung qualitativer und quantitativer Forschung (aus Miles/Huberman 1994: 41)

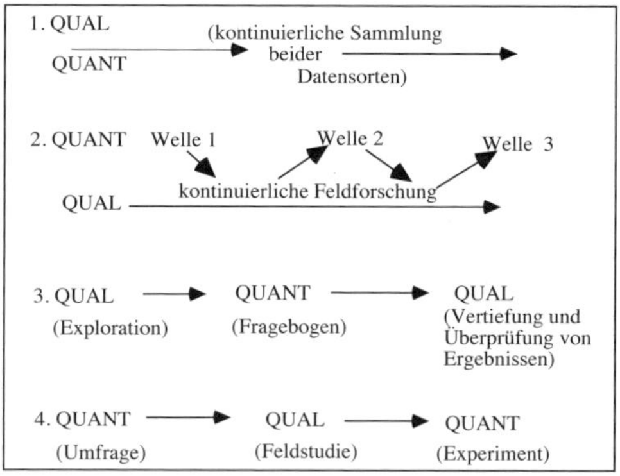

Parallele Verbindung qualitativer und quantitativer Forschung

Im ersten Design werden qualitative und quantitative Forschung parallel verfolgt. Im zweiten Design ist eine kontinuierliche Feldbeobachtung die Basis für verschiedene Befragungswellen in einer Umfrage. Das dritte Design basiert auf einer qualitativen Erhebung (z.B. ein Leitfaden-Interview). Daran schließt sich eine Fragebogenstudie an. Abschließend werden die aus beiden Schritten vorliegenden Ergebnisse in einer zweiten qualitativen Phase vertieft und überprüft. Beim vierten Design ergänzt eine Feldstudie die Umfrageergebnisse aus dem ersten Schritt. Eine experimentelle Intervention in das Feld zur Überprüfung der Ergebnisse der ersten beiden Schritte bildet den Abschluss (vgl. Patton 1980 für ähnliche Vorschläge gemischter Designs).

Sequentielle Verbindung qualitativer und quantitativer Forschung

Ohne notwendigerweise einen der Ansätze auf einen untergeordneten Status zu reduzieren und den anderen zur ‚eigentlichen' Forschung zu erklären, kann eine Untersuchung qualitative und quantitative Zugänge in verschiedenen Phasen des Forschungsprozesses enthalten. Barton und Lazarsfeld (1979) schlagen beispielsweise vor, qualitative Forschung für die Entwicklung von Hypothesen zu nutzen, die dann mit quantitativen Methoden getestet werden. Deshalb werden diese Autoren immer wieder zum Bezugspunkt genommen, um eine untergeordnete, ‚nur' explorative Rolle für die qualitative Forschung zu begründen oder um sich von einem solchen Verständnis abzugrenzen. In jüngster Zeit haben bspw. Kluge (2001: 37) oder Kelle und Kluge (2001: 22, 24) in dieser Weise mit bzw. gegen Barton und Lazarsfeld argumentiert, um ihren eigenen weitergehenden Ansatz zu begründen. Barton und Lazarsfeld betonen in ihrer Argumentation jedoch weniger die Schwächen oder Grenzen qualitativer im Vergleich zu quantitativer Forschung, um daraus eine untergeordnete oder vorläufige Funktion abzuleiten. Vielmehr diskutieren sie explizit verschiedene Stärken qualitativer Forschung, die sie in der Entdeckung relevanter Probleme für die Forschung (z.B. 1979: 44), in der Lieferung von Hinweisen auf nicht direkt beobachtbare Phänomene (1979: 49), in der Konstruktion deskriptiver Systeme und (vorläufiger) Klassifikationen (1979: 53) und systematischer Typologien (1979: 59) sehen.

Die Exploration des untersuchten Gegenstandes ist dabei eine unter verschiedenen Funktionen qualitativer Forschung. Auch wenn Barton und Lazarsfeld die meisten der von ihnen diskutierten Funktionen qualitativer Forschung „quantitativer Forschung vorgeschaltet" sehen, wird erstere jedoch als eine notwendige Vorbedingung quantitativer Forschung und weniger als eine im wesentlichen auch zu überspringende Vorstufe behandelt. Vielmehr diskutieren Barton und Lazarsfeld eine ganze Reihe von Beispielen, an denen sie zeigen, dass es bestimmte Erkenntnisse gibt, die ohne qualitative Methoden nicht gewonnen oder angemessen interpretiert werden könnten:

> Dennoch kann Forschung, die sich weder wegen ihrer statistischen Methodik auszeichnet noch eine Versuchsanordnung aufweisen kann, Forschung, die ausschließlich auf qualitativen Beschreibungen einer kleinen Fallzahl beruht, die gewiss wichtige Funktion erfüllen, mögliche Beziehungen, Ursachen, Wirkungen und sogar die Dynamik von sozialen Prozessen erkennbar zu machen. Es gibt sogar Gründe zu behaupten, dass nur Forschung, die eine Vielzahl höchst verschiedener, ungeplanter Eindrücke und Beobachtungen liefert, diese Funktion erfüllen vermag. Jemand, der sich darauf beschränkt, seine Tabellierungen der wenigen Variablen, die er von vorneherein in die Untersuchung eingebracht hat, zu betrachten, um Hinweise auf mögliche Faktoren zu erhalten, die ein statistisches Ergebnis erklären könnten, wird sicherlich keinen Fortschritt machen (Barton/Lazarsfeld 1979: 63).

Folgt man ihrer Argumentation, werden qualitative und quantitative Forschung in unterschiedlichen Phasen des Forschungsprozesses lokalisiert, wobei qualitative Forschung vor allem am Anfang der Auseinandersetzung stehen sollte, jedoch auch zur Interpretation und Klärung von Zusammenhängen aus statistischen Analysen herangezogen werden kann. Damit machen sie Vorschläge zur Verbindung beider Forschungsrichtungen in einem spezifischen Design, die sich in ähnlicher Form auch bei Bryman (1992, s.o.) wiederfinden.

Mixed Method Designs

In seiner Auseinandersetzung mit Forschungsdesigns in qualitativer und quantitativer Forschung widmet sich Creswell (1994) auch integrierten Designs. Dabei unterscheidet er drei Formen: (1) Phasen-Designs, in denen qualitative und quantitative Methoden separat nach einander angewendet werden, in welcher Reihenfolge auch immer. Solche Designs können aus zwei oder mehr Phasen bestehen. Die zweite Form wird als „dominant/less dominant“ Design (2) bezeichnet, die im Wesentlichen einem der Ansätze verpflichtet ist und nur eher marginal den anderen hinzuzieht. Mixed Method Designs (3) verknüpfen beide Ansätze in allen Phasen des Forschungsprozesses.

Im Kontext des Mixed Methods Ansatzes von Tashakkori und Teddlie (2003a) schlagen Creswell (2003) und Creswell, Plano Clark, Gutman und Hanson (2003) eine elaboriertere Version von Designs der Verbindung qualitativer und Forschung vor. Dabei gehen sie zwar einerseits davon aus, dass Mixed Methods Designs mittlerweile ein eigenes Design in den Sozialwissenschaften darstellen (2003: 211). Dafür verwenden sie die folgende Definition:

> A *mixed methods study* involves the collection or analysis of both quantitative and/or qualitative data in a single study in which the data are collected concurrently or sequentially, are given a priority, and involve the integration of the data at one ore more stages in the process of research (Creswell et al. 2003: 212).

Interessant auch für die Planung von Triangulationsstudien ist dabei die Matrix, die sie für die Festlegung eines Mixed Methods Designs präsentieren (2003: 218 – vgl. Tabelle 5-1).

Tabelle 5-1: Decision Matrix for Determining a Mixed Methods Design (aus Creswell et al. 2003: 218)

Implementation	*Priority*	*Integration*	*Theoretical Perspective*
No Sequence Concurrent	Equal	At Data Collection	Explicit
Sequential – Qualitative First	Qualitative	At Data Analysis	
		At Data Interpretation	
Sequential – Quantitative First	Quantitative	With Some Combination	Implicit

Die Autoren verwenden dabei auch den Begriff der Triangulation im Rahmen eines Designs, das sie als „Concurrent triangulation“ bezeichnen. Dieses ist entsprechend der Kategorien in Tabelle 5-1 durch die gleichzeitige Sammlung qualitativer und quantitativer Daten gekennzeichnet (Implementation), wobei die Priorität vorzugsweise gleich ist, jedoch bei den quantitativen oder qualitativen Daten liegen kann. Die Integration erfolgt in der Phase der Interpretation der Ergebnisse oder bereits in der Analyse der Daten. Die theoretische Perspektive ist dabei möglicherweise präsent (2003: 224, 229).

Integrierte Längsschnitt-Designs

Kluge (2001) beschreibt den Ansatz eines „integrierten Paneldesigns“, in dem zu einer Fragestellung (z.B. Statuspassagen der Erwerbstätigkeit) mehrere Wellen qualitativer mit wiederholten quantitativen Befragungen kombiniert werden, um Veränderungen in Sichtweisen und Deutungsmustern der Untersuchungsteilnehmer zu untersuchen.

> Das Besondere dieses methodischen Ansatzes besteht also nicht nur in der parallelen Verwendung qualitativer und quantitativer Erhebungs- und Auswertungsverfahren, sondern auch darin, die beiden Methodenstränge in der *Längsschnittperspektive* miteinander zu verbinden (Kluge 2001: 41).

Ziel ist dabei einerseits, die Verallgemeinerungsfähigkeit qualitativ gewonnener Ergebnisse durch die quantitativ gewonnenen Ergebnisse zu überprüfen (2001: 41). Andererseits zielt der erste Ansatz auf die Akteursperspektive, während der zweite die sozialen Strukturen untersucht. Schwerpunkt der angezielten Methodenintegration ist jedoch die Integration der Forschungsergebnisse (2001: 44; vgl. hierzu auch Kelle/Erzberger 2008, 2003 und hier Kapitel 5.6).

> Insgesamt trägt die Integration qualitativer und quantitativer Verfahrensweisen damit zu einem erhöhten Erkenntnisgewinn bei. Ergänzen sich die Ergebnisse (...), ergibt sich ein vollständigeres Bild (...). Stimmen die Ergebnisse überein, so validieren sie sich gegenseitig (...) Und widersprechen sich die Ergebnisse, kann dies zu weiteren wichtigen Forschungen führen (Kluge 2001: 44).

Forschungsdesigns, die qualitative und quantitative Forschungsmethoden integrieren, lassen sich entsprechend der Reihenfolge der methodischen Ansätze, ihrer Gewichtung, ihrer Funktion und hinsichtlich der theoretischen bzw. methodologischen Reflexion der Verbindung klassifizieren. Hier ist zwischen der Verbindung verschiedener Methoden zur Erweiterung der Erkenntnismöglichkeiten und zur einseitigen oder wechselseitigen Absicherung zu unterscheiden. Dabei wird von einer wechselseitigen Ergänzung im methodischen Blick auf einen Gegenstand ausgegangen, wobei diese Ergänzung in der komplementären Kompensation der Schwächen und blinden Flecke der jeweiligen Einzelmethode liegt. Jedoch bleiben die verschiedenen Methoden nebeneinander stehen, ihr Schnittpunkt ist der jeweilige Gegenstand. Ob die Methoden gleichzeitig oder nacheinander verwendet werden, ist dabei weniger relevant, als dass sie gleichberechtigt in ihrer Rolle im Projekt behandelt werden.

5.4 Qualitative und quantitative Methoden

Triangulation kann sich auf die Verbindung verschiedener qualitativer Methoden beziehen – etwa in der Ethnographie (vgl. Kap. 4) –, sie wird aber auch in Bezug auf die Verbindung von qualitativen mit quantitativen Methoden relevant. Auch hier werden integrative Ansätze diskutiert. So beschreibt Kluge (2001: 63ff.) vier Varianten der Integration qualitativer und quantitativer Erhebungsmethoden:

(1) Die Nutzung der Fokussierung der standardisierten Befragung bei der Gestaltung des Leitfadens für die Interviews – in den Beispielen von Kluge das problemzentrierte Interview von Witzel (1982) – und die Orientierung der Interviewführung auf diese Aspekte. (2) Erstellung von „Lebenslaufgrafiken“, in denen die Daten zum Lebensverlauf der Interviewpartnerin, die aus der standardisierten Befragung dieser Person vorliegen, optisch aufbereitet werden (entlang einer Zeitachse), die dann der Interviewpartnerin zur Kommentierung vorgelegt werden. (3) Subjektive Sichtweisen und Deutungsmuster, die sich in den Interviews gezeigt haben, werden in Items der anschließenden standardisierten Befragung transformiert. (4) In den Interviews zu späteren Zeitpunkten des Panels wurden Fragen aufgenommen, die der Klärung von Zusammenhängen aus der standardisierten Be-

fragung dienen sollen, was auch als Beispiel für eine kommunikative Validierung angeführt wird (Kluge 2001: 64). Hinsichtlich der Auswertung behandelt Kluge die Möglichkeit, in die computerunterstützte Datenauswertung qualitativer Daten (etwa mit ATLAS/ti, MaxQDA oder Nud*ist) auch quantitative Daten einzubeziehen bzw. Schnittstellen zu SPSS zu nutzen und schließlich die Verwendung quantitativer Techniken (Clusteranalyse) zur Auswertung qualitativer Daten etwa mit dem Ziel einer Typenbildung (2001: 74).

Brewer und Hunter (1989) haben vor einer Weile einen Ansatz der „Multimethod Research" vorgelegt, wobei es ihnen um eine „Synthesis of Styles" geht. Sie gehen dabei von vier Basismethoden empirischer Forschung aus, die sich unterschiedlich kombinieren lassen. Die Basismethoden sind Feldforschung (i.S. des Ansatzes von Glaser/Strauss 1967), Surveys (i.S. repräsentativer Fragebogenerhebungen), experimentelle Methoden und non-reaktive Messverfahren. Dabei verwenden sie als Leitkonzept für die Kombination die Triangulation unter Rückgriff auf Denzin (1970), allerdings sprechen sie dabei von „triangulated measurement" in der Logik der wechselseitigen Validierung von Resultaten (Brewer/Hunter 1989: 17). Sie diskutieren ihren Ansatz der Triangulation bzw. Multi-Method Research in Anwendung auf alle Phasen des Forschungsprozesses. Insgesamt bleiben sie jedoch zu einseitig in der Logik standardisierter Forschung verhaftet, in die sie Feldforschung (lediglich) einbeziehen wollen.

Johnson und Hunter (2003) greifen die Frage der Verbindung von qualitativen und quantitativen Methoden im Kontext der „Mixed Methods" auf, entwickeln dabei jedoch keine spezifischen Ansätze. Ein Standardbeispiel, das auch dabei erwähnt wird, ist die Aufnahme von offenen Fragen (mit Freitext-Antworten) in einen ansonsten standardisierten Fragebogen. Anders herum betrachtet, kann dann auch die Erfassung quantitativer Werte (wie Alter, Einkommen, Zahl der Kinder, Jahre der Berufserfahrung etc.) bzw. bestimmter Skalen in einem ansonsten offenen Interview als eine Form der Integration qualitativer und quantitativer Methoden der Datenerhebung gelten (vgl. Flick 2007, Kap. 22 für die Verwendung von Dokumentationsbögen zur Erfassung solcher Daten im Kontext von episodischen Interviews). Schließlich wird die Auswertung in beiden Beispielen die Verbindung von qualitativen und quantitativen Herangehensweisen beinhalten – im einen Fall die Kodierung der Freitextantworten, im anderen Fall der erhaltenen Zahlenwerte. Elaborierter sind jedoch die Verwendung von Zeit-, Geschwindigkeits- und Häufigkeitswerten in der Beobachtung von Bewegungen und Aktivitäten, wie in der Studie von Jahoda et al. (1933).

Kuckartz (1995) beschreibt für die Analyse qualitativer Daten ein Verfahren der Kodierung erster und zweiter Ordnung, in dem dimensionale Analysen zur Definition von Variablen und Werten führen, die für Klassifikationen und Quantifizierungen genutzt werden können. Roller et al. (1995) skizzieren eine Methode der „hermeneutisch-klassifikatorische(n) Inhaltsanalyse", die Ideen und Verfahrensweisen der objektiven Hermeneutik von Oevermann et al. (1979) in eine im wesentlichen quantitative Inhaltsanalyse integrieren. In eine ähnliche Richtung geht der Transfer von Daten, die mit Programmen wie ATLAS/ti analysiert wurden, in SPSS und statistische Auswertungen. In diesen Versuchen bleibt jedoch das Verhältnis von Klassifizierung und Interpretation eher unscharf.

Allgemeiner betrachtet lässt sich festhalten, dass in der Regel der andere Ansatz eher marginal in den eigentlich dominanten Zugang integriert wird (bspw. sind es meist sehr wenige offene Fragen im Kontext einer Vielzahl geschlossener Fragen in einem Fragenbogen), weshalb hierin nur selten ein Beispiel für die Triangulation der qualitativer und quantitativer Methoden zu sehen ist. Die Entwicklung von tatsächlich integrierten qualitativ-quantitativen Methoden bleibt weiterhin ein ungelöstes Problem. Konkrete Vorschläge für die Integration beider Ansätze in einer Methode, die tatsächlich als Triangulation bezeichnet werden können, stehen noch aus.

5.5 Qualitative und quantitative Daten

Morgan (1998) schlägt eine Klassifikation von Ansätzen der Verbindung qualitativer und quantitativer Forschung vor, die sich v.a. auf die Ebene der Datensammlung bezieht. Er macht diese Klassifikation einerseits an der „priority decision" fest, d.h. welche Methode steht bei der Datensammlung im Vordergrund, welche ist untergeordnet, und an der „sequence decision", d.h. welche Reihenfolge wird dabei gewählt. Daraus ergibt sich die in Abbildung 5-2 wiedergegebene Matrix:

Abbildung 5-2: Klassifikation der Verbindung qualitativer und quantitativer Forschung bei der Datengewinnung (nach Morgan 1998; Bryman 2008: 455)

		Priority	
		Qualitative	*Quantitative*
Sequence	Preliminary	M1	M3
	Follow-Up	M3	M4

Schon vor einer Weile hat Wilson (1982: 491) eine Systematik von Aspekten skizziert, die soziale Situationen kennzeichnen, anhand derer sie sich untersuchen lassen und die einen Anhaltspunkt für die Auswahl qualitativer oder quantitativer Methoden sowie für ihre Verbindung liefern. Dabei unterscheidet er „die Objektivität der Sozialstruktur“, die unabhängig vom Handeln des Einzelnen existiert und sich über Normen und Regeln im Handeln auswirkt. Die „Bezugnahme auf gemeinsam geteilte Wissensbestände“ ermöglicht das Verstehen und Einordnen des (Handelns des) Anderen in der Situation. Die „Kontextabhängigkeit des Sinnes“ liegt darin begründet, dass sich der spezifische Sinn einer Handlung oder Aussage je nach spezifischem Kontext anders gestaltet und nur in diesem Kontext verstanden werden kann. Dabei lassen sich einerseits zwei gegensätzliche Zugänge unterscheiden:

> Die radikale quantitative Auffassung beschränkt sich völlig auf die wahrgenommene Objektivität der Sozialstruktur und die Verständlichkeit des Gezeigten, währen sie die Kontextabhängigkeit des Sinnes als einen bloßen Missstand nimmt, mit dem man sich zwar in bestimmten Forschungssituationen auseinander setzen muss, der aber theoretisch und methodologisch uninteressant ist. (...) Demgegenüber betont die radikal qualitative Auffassung die Kontextabhängigkeit des Sinnes und vernachlässigt die Objektivität der Sozialstruktur und die Verständlichkeit des Gezeigten (Wilson 1982: 492).

Andererseits kann die Systematik von Wilson auch als Ausgangspunkt für einen umfassenderen Zugang zur sozialen Wirklichkeit gewählt werden:

> Die soziale Welt wird durch situative Handlungen konstituiert, die in bestimmten konkreten Situationen geschehen, von den Beteiligten wahrgenommen und beschrieben werden und ihnen als brauchbare Grundlage weiteren Denkens und Handelns in dieser wie auch in weiteren Situationen dienen. Zu situativem Handeln kommt es durch kontextfreie Mechanismen der sozialen Interaktion, und die Gesellschaftsmitglieder machen ihre Handlungen in bestimmten Situationen durch Rückgriff auf die Sozialstruktur verständlich und sinnvoll. Dabei ist die Sozialstruktur eine wesentliche Grundlage wie auch ein wesentliches Produkt des situativen Handelns und wird als etwas objektiv Reales reproduziert, das das Handeln bis zu einem gewissen Grade einschränkt. Durch diese reflexive Beziehung zwischen Sozialstruktur und situativem Handeln kommt es zur Verständlichkeit des Gezeigten mit Hilfe der Kontextabhängigkeit des Sinnes (1982: 498).

Eine weitere Form der Kombination qualitativer und quantitativer Forschung kann auf der Ebene der Daten in der Überführung der Daten aus einer Strategie in die andere – Überführung qualitativer in quantitative Daten und vice versa – realisiert. In der Programmatik der Mixed Methods Forschung wird die Überführung von der einen in die andere Datenform propagiert (s. o.), wobei konkrete Vorschläge in diesem Kontext jedoch nicht zu finden sind.

Überführung qualitativer Daten in quantitative Daten

Versuche, Aussagen in offenen oder erzählenden Interviews (z.B. bei Mühlefeld et al. 1981) zu quantifizieren, finden sich wiederholt in der Literatur. Beobachtungen lassen sich ebenfalls in ihrer Häufigkeit analysieren. Die Häufigkeiten, mit denen bestimmte Kategorien besetzt sind, lassen sich bestimmen und die Besetzung verschiedener Kategorien miteinander vergleichen. Über die Auszählung bestimmter Merkmale in Transkripten oder Beobachtungsprotokollen lassen sich – etwa durch die Verwendung von Inhaltsanalysen qualitative Daten in Nominaldaten überführen (vgl. Bortz/Döring 1995: 273), die dann mit statistischen Verfahren (vgl. Rudinger et al. 1985 oder Engel/Wuggenig 1995) verrechnet werden können. Hopf (1982) kritisiert jedoch eine Tendenz in der qualitativen Forschung, die Leser von Forschungsberichten durch Argumentationen zu überzeugen, die auf einer quantitativen Logik aufgebaut sind (z.B. fünf von sieben Interviewpartner haben gesagt ...; Die Mehrheit der Antworten bezog sich auf ...), anstatt nach einer theoretisch begründeten Interpretation und Darstellung der Ergebnisse zu suchen. Die von Hopf kritisierten Argumentationsmuster lassen sich auch als eine implizite Transformation qualitativer Daten in quasi quantitative Ergebnisse auffassen. Dabei wird im Zuge der Transformation eine Dekontextualisierung von Informationen vorgenommen – wenn etwa die Häufigkeit einer Aussage aus den jeweiligen Kontexten, in denen sie getätigt wurde, isoliert und gesondert betrachtet wird.

Überführung quantitativer Daten in qualitative Daten

Die umgekehrte Überführung wird in der Regel schwieriger, da hier eine Rekontextualisierung von singulären Daten vorgenommen werden müsste. Aus Fragebogendaten kann man den Kontext der jeweiligen Antworten jedoch kaum noch erschließen, ohne explizit zusätzliche Methoden, etwa ergänzende Interviews mit einem Teil der Stichprobe, einzusetzen. Die Analyse der Häufigkeit bestimmter, vorhandener Antworten aus Interviews kann zusätzliche Aufschlüsse für die Interpretation dieser Interviews liefern. Für zusätzliche Erklärungen, warum bestimmte Antwortmuster sich in Fragebögen gehäuft finden lassen, müssen neue Datensorten (Interviews, Feldbeobachtungen) einbezogen werden (s.u., 5.7).

5.6 Qualitative und quantitative Ergebnisse

Die Verbindung qualitativer und quantitativer Forschung wird häufig an den erzielten Ergebnissen festgemacht. Entsprechend widmen sich Erzberger (1998) bzw. Kelle und Erzberger (2008, 2003) in ihren allgemeineren Arbeiten zur Verbindung qualitativer und quantitativer Forschung vor allem der Verknüpfung beider Forschungsansätze auf der Ebene der gefundenen Ergebnisse. Dabei unterscheiden sie drei Möglichkeiten: (1) Ergebnisse können konvergieren, d.h. vollständig, generell, tendenziell oder partiell übereinstimmen. Bspw. decken sich die Aussagen aus einer repräsentativen Untersuchung mit standardisierten Fragebogen mit den Statements aus Leitfadeninterviews mit einem Teil der Stichprobe der Fragebogen-Untersuchung in einer der genannten Varianten. (2) Ergebnisse können komplementär zueinander sein. Dabei liefern die Interviews ergänzende (vertiefende, detaillierende, erklärende, erweiternde etc.) Ergebnisse zusätzlich zu dem, was die Analyse der Fragebogen zeigt. (3) Schließlich können Ergebnisse divergent sein, d.h. in den Interviews zeigen sich (vollständig, generell, tendenziell oder partiell) andere Sichtweisen als in den Fragebogen. Dies wäre dann Anlass für eine weitere theoretische und/oder empirische Klärung der Divergenz und ihrer Gründe. Bei allen drei Möglichkeiten stellen sich jedoch prinzipiell die gleichen Fragen bzw. Probleme: Inwieweit wird dabei jeweils der spezifische theoretische Hintergrund der beiden verwendeten empirischen Zugänge (bei der Erhebung und Auswertung) berücksichtigt: Ergeben sich Divergenzen nicht möglicherweise schon aufgrund des jeweils unterschiedlichen Wirklichkeits- und Gegenstandsverständnisses der beiden qualitativen bzw. quantitativen Zugänge? Sollten dann zu weitgehende Konvergenzen nicht eher Anlass zur Skepsis als simple Bestätigung des einen durch das andere Ergebnis sein? Schließlich: Inwieweit werden die beiden Zugänge und die damit erzielten Ergebnisse auch jeweils als gleichermaßen relevante und eigenständige Erkenntnisse betrachtet, so dass die Verwendung des Begriffs der Triangulation hier gerechtfertigt ist? Inwieweit wird der eine (oder der andere) Zugang auf eine untergeordnete Rolle bspw. ausschließlich zur Plausibilisierung der Ergebnisse des jeweils anderen Zugangs reduziert?

5.7 Triangulation qualitativer und quantitativer Forschung zur Geltungsbegründung

Seit einiger Zeit gewinnt die Idee der Triangulation im Zusammenhang mit der Verbindung von qualitativer und quantitativer Forschung – z.B. bei Jick (1983) und in enger Anlehnung daran bei Lamnek (1988) – besondere Aktualität in Bezug auf die wechselseitige Überprüfung und Geltungsbegründung der erzielten Ergebnisse. Lamnek (1988: 234-235) nennt unter „Absichten und Chancen der Triangulation" u.a., dass „auch vom quantitativen Sozialforscher qualitative Methoden (...) zum Zwecke der Exploration, (...) zur Illustration, zur Plausibilisierung, mithin auch zur Absicherung ihrer quantitativen Daten" verwendet werden. Damit wird hier der Begriff der Triangulation zur Beschreibung des alten Dominanzverhältnisses zwischen quantitativer und qualitativer Sozialforschung herangezogen – qualitativer Forschung kommt dabei eine vor- (Exploration) bzw. nachgeordnete (Plausibilisierung) Funktion gegenüber der ‚eigentlichen' (quantitativen) Forschung und ihren Resultaten zu. Darüber lässt sich dann untersuchen, wie valide die mit dem standardisierten Instrument erhobenen Daten sind. Dies lässt sich auch an folgendem Beispiel zeigen:

Lebensqualität herzustellen und zu sichern ist besonders relevant, wenn es um das Weiterleben mit einer chronischen Krankheit geht. Dabei bleibt zu prüfen, welche Form und welches Ausmaß von Lebensqualität durch bestimmte Behandlungen erreicht werden können. Entsprechend boomt die gesundheitsbezogene Lebensqualitätsforschung (Guggenmoos-Holzmann/ Blomfield/Brenner/Flick 1995). International und im deutschen Sprachraum werden Lebensqualitäts-Indices wie der SF-36 (vgl. Mallinson 2002) eingesetzt. Damit ist der Anspruch eines allgemein gültigen Index zur Bestimmung von gesundheitsbezogener Lebensqualität verbunden. Hinsichtlich der Validität dieser Indices werden verschiedene Fragen diskutiert, die für unser Thema relevant sind. Die meisten der Skalen wurden im amerikanischen Sprachraum entwickelt. Bei ihrer Übertragung in einen anderen Sprachraum werden einige Validitätsprobleme besonders deutlich, die sich auch in einem Sprach- und Kulturraum stellen, wenn darin Bevölkerungsgruppen mit unterschiedlichen kulturellen Hintergründen zusammenleben. Als Validitätsprobleme werden im Zusammenhang mit Lebensqualitätsindices diskutiert: Inwieweit sind Listen und Items physischer oder sozialer Funktionalität, wie sie die Lebensqualitätsindices als Subskalen enthalten, mit subjektiv erfahrener Lebensqualität gleichzusetzen? Inwieweit sind sie auf die verschiedenen sozialen und lokalen Kontexte einer Gesellschaft mit der gleichen Gültigkeit zu übertragen? Das Item „Are you able to walk five blocks every day?" sagt in amerikanischen Kleinstädten vielleicht etwas aus über Lebensqualität und Gesundheit. In manchen Gegenden amerikanischer Großstädte ist es dagegen Ausdruck für eine übertriebene Risikofreude. Ins Deutsche ist der Ausdruck „five blocks" als Maßeinheit für Bewegungsfähigkeit nur begrenzt übersetzbar.

Mallinson (2002) untersucht für den SF-36, wie sehr die Eindeutigkeit der Frageformulierung für die Befragten in Frage steht. Dies zeigt sich in Kommentaren, die Teilnehmer an Lebensqualitätsuntersuchungen auf den Fragebogen notierten und die verdeutlichen, dass diese die Fragen teilweise ganz anders verstehen als von den Entwicklern des Instruments intendiert. Mit dem SF 36 soll z.B. herausgefunden werden, inwieweit der Befragte in bestimmten Alltagstätigkeiten eingeschränkt ist. Dazu wird etwa gefragt:

> The following questions are about activities you might do during a typical day. Does your health limit you in these activities? If so, how much? (Please circle one number on each line).
>
> G. Walking more than a mile
> Yes limited a lot, Yes limited a little, No, not limited at all
> H: Walking half a mile
> Yes limited a lot, Yes limited a little, No, not limited at all
> I: Walking 100 yards
> Yes limited a lot, Yes limited a little, No, not limited at all

Bei parallel durchgeführten Interviews zeigt sich, dass es vielen Teilnehmern an solchen Untersuchungen schwer fällt, sich klar zu machen, wie weit eine Meile, eine halbe Meile oder 100 yards sind:

> IV: Can you walk half a mile?
>
> IE: Where's half a mile?
>
> IV: Say down to the garden centre, maybe a little bit further than that.
>
> IE: I can walk down to the garden centre, but there's no way I could get back because it's uphill and as soon as I, I can't walk up that hill so it depends which, if you're talking about on the flat, slowly, not talking or carrying anything (....) (Mallinson 2002: 16).

Neben Problemen der Validität von Items und Skalen auf der Seite der gestellten Fragen treten auch Validitätsprobleme bei den Antwortmöglichkeiten auf. Wird als Antwortvorgabe eine Likertskala („trifft vollständig zu; trifft zu; weiß nicht; trifft nicht zu; trifft überhaupt nicht zu“) verwendet, stellt sich weiterhin die Frage, ob die Distanz zwischen einzelnen Abstufungen in zwei verschiedenen Sprachen etwa gleich ist oder nicht. Daraus resultiert die Frage, ob die jeweils vergebenen Kreuze ohne weiteres zusammengefasst bzw. verglichen werden können. In diesem Beispiel zeigt die Triangulation eines offenen – qualitativen – Verfahrens mit einem standardisierten – quantitativen – Verfahren die Grenzen der Validität von Aussagen, die mit der zweiten Methode erhoben wurden.

Silverman (1985: 138ff.) sieht unter anderem Vorzeichen in der Hinzuziehung von Quantifizierungen eine Möglichkeit, die Generalisierbarkeit von qualitativ gewonnenen Ergebnissen festzustellen. Eine andere Variante ist die zusätzliche Kontextualisierung von qualitativen Daten durch die Hinzuziehung quantitativer Daten und damit auch eine zusätzliche Überprüfung ihrer Plausibilität. So zeigte sich bei der Untersuchung subjektiver Gesundheitsvorstellungen von Ärzten und Pflegekräften (Flick et al. 2004), dass die Interviewpartner bei der Frage danach, was ihre Gesundheitsvorstellungen geprägt bzw. beeinflusst habe, der eigenen Ausbildung kaum eine Bedeutung beimessen. Vielmehr sind es die beruflichen Erfahrungen in der eigenen Praxis sowie private Gesundheits- und Krankheitserfahrungen, denen der stärkste Einfluss zugeschrieben wird. Zur Kontextualisierung dieses Ergebnisses wurden die Ausbildungsordnungen für die Pflegeausbildung und für das Medizinstudium über einen längeren Zeitraum daraufhin analysiert, welchen Stellenwert Themen wie Gesundheit, Gesundheitsförderung und Prävention darin auch quantitativ einnahmen. Bei der Untersuchung von subjektiven Vertrauenskonzepten von Beratern aus Sozialpsychiatrischen Diensten in Berlin zeigte sich, dass das Dilemma zwischen Beratung und Hilfe für den Klienten auf der einen Seite und der Verwaltung auffälligen Verhaltens auf der anderen Seite die Problematik vertrauensvoller Beziehungen in besonderem Maße bestimmt. Ergänzend wurden die – rein quantitativen – Interventionsdokumentationen der Institutionen über einen längeren Zeitraum ausgewertet, die einerseits die Verlagerung des Tätigkeitsschwerpunktes von der Unterbringung psychiatrisch auffälliger Personen zur Beratung als Intervention bei psychischen Problemen verdeutlichen, andererseits jedoch zeigen, wie groß der Unterbringungsanteil an der Tätigkeit immer noch ist (vgl. Flick 1989). In diesen Beispielen werden quantitative Daten zur Kontextualisierung und Plausibilisierung von qualitativ gewonnenen Daten und darauf bezogenen Interpretationen herangezogen.

5.8 Beispiele der Triangulation qualitativer und quantitativer Forschung

Im Folgenden sollen ausgewählte Beispiele der Triangulation qualitativer und quantitativer Forschung behandelt werden (weitere Beispiele finden sich im Band von Kluge/Kelle 2001).

Belastungen von Angehörigen Krebskranker

Schönberger und Kardorff (2004) analysieren die „Anforderungen, Belastungen und Leistungen von Angehörigen Krebskranker“ in einer Kombination aus einer Fragebogenstudie mit zwei Befragungswellen (N = 189 bzw. 148 Angehörige und N = 192 Patienten) und einer Reihe von Fallstudien (insgesamt 17, von denen sieben ausführlicher vorgestellt werden). Als Fragestellungen für beide Teile werden genannt:

> Vor dem Hintergrund des Forschungsstandes haben wir uns bei der Fragebogenerhebung auf Belastungserleben, individuelle und partnerschaftliche Bewältigung, Netzwerkeinbindung und Bewertung der Angebote des Systems der Rehabilitation konzentriert. Der sozialwissenschaftlich-hermeneutisch angelegte qualitative Untersuchungsanteil zielte auf die Aufdeckung strukturtheoretischer Generalisierungen (...) (2004: 25).

Zusätzlich wurden 25 Experteninterviews in den beteiligten Kliniken und 8 in ambulanten Nachsorgeeinrichtungen geführt (2004: 33). Für die Fallstudien wurden Teilnehmer aus der Fragebogen-Erhebung nach folgenden Kriterien ausgewählt:

> Die Paare sollten in einer gemeinsamen Wohnung zusammenleben, der Partner oder die Partnerin selbst an keiner schwerwiegenden Erkrankung leiden, der erkrankte Partner sollte sich nach Möglichkeit zum Zeitpunkt der ersten Erhebung in der stationären Rehabilitation oder in ambulanter Nachsorge befinden (2004: 95).

Weiterhin wurden Kontrastfälle zu diesem Sample einbezogen (allein lebend, beide erkrankt, Trennung oder Partner vor mehr als einem Jahr verstorben – 2004:

95). Die quantitativen Daten wurden in mehreren Faktorenanalysen und dann fragestellungsbezogen ausgewertet. Bei der Darstellung der Ergebnisse der Fragebogenanalyse wird auf „Ergebnisse der Fallstudien Bezug genommen, wenn deren Strukturmerkmale Befunden aus dem Fragebogen entsprechen" (2004: 87), bzw. auch, wenn sie Ausnahmen oder Abweichungen zeigen (z.B. 2004: 93). Insgesamt betonen die Autoren die „Differenzierungsgewinne durch die Kombination aus Fragebogenerhebung und Fallstudien" (2004: 201):

> Damit liefern die Fallstudien nicht nur eine Differenzierung und ein vertieftes Verständnis der Antwortmuster der Angehörigen im Fragebogen. Ihre besondere Bedeutung liegt darin, dass aus ihrer Analyse der Zusammenhang zwischen der subjektiven Sinndeutung (in den ‚illness narratives'), den berichteten Entscheidungen und Bewältigungsstrategien und -stilen mit den latenten Sinnstrukturen erschlossen werden konnte. In Erweiterung zu den psychologischen Coping-Ansätzen zeigt sich, dass es weniger Persönlichkeitsmerkmale oder einzelne Faktoren sind, die eine Stabilisierung der kritischen Lebenssituation erleichtern oder erschweren, sondern vor allem Strukturmomente und die erworbene Fähigkeit zur sinnhaften Integration der Situationselemente in die eigene und gemeinsam mit dem Partner gelebte Biografie (2004: 202).

Diese Studie ist ein Beispiel für die Triangulation qualitativer und quantitativer Methoden (und Daten), die beide Zugänge in ihrem Stellenwert eigenständig und konsequent verfolgt, so dass sie unterschiedliche Facetten der Ergebnisse liefern. Es zeigt sich, wie Fallstudien die Erkenntnisse aus der Fragebogenuntersuchung zusätzlich substantiieren. Leider wird nicht deutlich, welche Erkenntnisse aus der Fragebogenstudie zum Verständnis der Fälle hilfreich waren bzw. welchen Stellenwert die quantitativen Ergebnisse für die Gewinnung oder Einschätzung der qualitativ gewonnenen Erkenntnisse haben.

Shell-Jugendstudie „Jugend 2002"

Ein anderes Beispiel ist die (14.) Shell-Jugendstudie „Jugend 2002" (Hurrelmann/Albert 2002). Hier wird eine Repräsentativbefragung von 2515 Jugendlichen zwischen 12 und 25 Jahren mit einem standardisierten Fragebogen kombiniert mit ausführlicheren oder Kurz-Porträts engagierter Jugendlicher. Zu deren Sampling heißt es:

> Für die Auswahl der Befragten hatten wir zwei Hauptkriterien. Zum einen das Engagement: Wir haben Jugendliche befragt, die sich politisch und gesellschaftlich engagieren. Zum anderen die Nutzung des Internets: Auf alle 20 Jugendlichen sollte in irgendeiner Form das Kriterium ‚Engagement im Internet oder durch das Internet' zutreffen. (...) Die Jugendlichen, die wir befragten, waren im Alter zwischen 16 und 25 Jahren (Picot/Willert 2002: 226).

Dabei liefern die quantitativen Ergebnisse den Rahmen der Situation Jugendlicher in Deutschland zum Erhebungszeitpunkt, während die qualitativen Befragungen Erkenntnisse zu zwei speziellen Themenbereichen – Engagement und Internetnutzung –

liefern, die in doppelter Hinsicht vertiefend sind: Bezogen auf diese Themenbereiche und in Bezug auf die Einzelfälle, die porträtiert werden. Weiterhin haben die qualitativen Porträts die Funktion, „die Sichtweise der Jugend darzustellen. (....) Die Jugendlichen sollen hier als Subjekte der Befragung zur Geltung kommen“ (2002: 221).

Auch hier wird beiden Zugängen eine eigenständige Funktion eingeräumt, beide werden entsprechend konsequent und in ihren Besonderheiten realisiert. Die Bezugnahme zwischen beiden Zugängen und ihren Ergebnissen bleibt jedoch eher begrenzt. Vielmehr werden beide Ergebnisse ergänzend nebeneinander dargestellt.

Schlafstörungen im Pflegeheim

In einer aktuellen Studie (vgl. Flick et al. 2010; Garms-Homolovà et al. 2010) wenden wir die Triangulation von zwei Verfahren an: Einerseits wurden Assessment Daten von 10% der Pflegeheimbewohner Berlins erhoben inklusive mehrerer Variablen zur Erfassung von Schlaf und Schlafstörungen. Episodische Interviews mit 32 Pflegekräften erfassen deren Wissen und Problembewusstsein zu Schlafstörungen von Bewohnern in Pflegeheimen. Der erste Zugang zeigt, dass fast zwei Drittel aller Bewohner an Schlafstörungen leiden und dass viele Bewohner große Teile des Tages dösend im Bett verbrachten.

In den Interviews mit den Pflegekräften ließen sich drei Deutungsmuster zu Zusammenhängen zwischen Aktivierung und Schlaf identifizieren:

- *Intervention* – Die Befragten wissen, dass ein Beschäftigungsangebot den Schlaf der Bewohner verbessert und setzen dieses Wissen um in einer aktiven Tagesstrukturierung der Bewohner.
- *Verpasste Gelegenheit* – Zwar wissen die Befragten um den Zusammenhang zwischen Schlafqualität und Tagesaktivitäten, motivieren die Bewohner jedoch aus verschiedenen Gründen nicht zu Aktivitäten.
- *Ignoranz* – Das Thema Schlafstörungen kommt in der täglichen Arbeit nicht vor.

Die Untersuchung erlaubt die Analyse auf zwei Ebenen – der Versorgungsrealität und der professionellen Wahrnehmung des interessierenden Problems.

5.9 Praktische Probleme

Verschiedene praktische Fragen stellen sich bei der Kombination qualitativer und quantitativer (oder genereller: verschiedener) Methoden in einer Studie – zunächst einmal, auf welcher Ebene die Triangulation konkret ansetzt. Hier gibt es zwei Alternativen: Triangulation (qualitativer und quantitativer Forschung) kann am Einzelfall ansetzen. Die Personen, die interviewt werden, gehören auch zu der Gruppe, die einen Fragebogen ausfüllt. Ihre Antworten auf die Fragen in beiden Methoden werden auch auf der Ebene des Einzelfalles miteinander verglichen, zusammengeführt und in der Auswertung aufeinander bezogen. Samplingentscheidungen werden in zwei Schritten getroffen. Dieselben Fälle werden für beide Teile der Untersuchung ausgewählt, aber im zweiten Schritt wird entschieden, welche der Teilnehmer an der Umfrage auch für ein Interview herangezogen werden.

Die Verbindung lässt sich jedoch auch zusätzlich oder ausschließlich auf der Ebene der Datensätze herstellen. Die Antworten auf den Fragebogen werden in ihrer Häufigkeit und Verteilung über die ganze Stichprobe analysiert. Die Antworten in den Interviews werden interpretiert und verglichen, und es wird beispielsweise. eine Typologie erstellt. Dann werden die Verteilung der Fragebogenantworten und die Typologie in Beziehung gesetzt und verglichen (vgl. Abb. 5-3).

Abbildung 5-3: Ebenen der Triangulation qualitativer und quantitativer Forschung

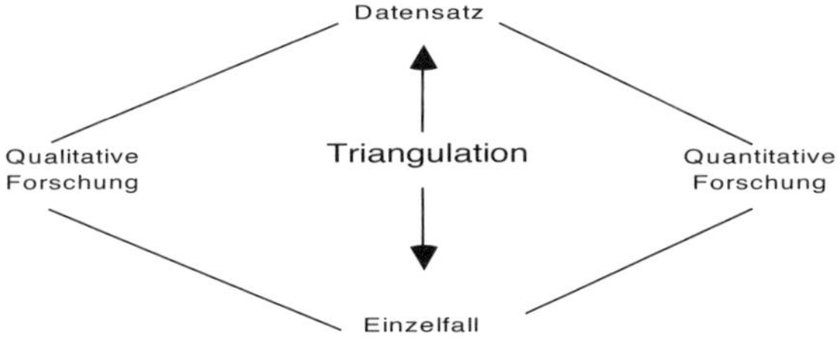

5.10 Fazit zur Triangulation qualitativer und quantitativer Forschung

Die Kombination von qualitativer und quantitativer Forschung wird immer häufiger eingesetzt. Die methodischen Fragen dabei werden bislang noch nicht befriedigend gelöst. Es gibt eine Reihe von Ansätzen der Kombination, wobei teilweise die Systematik auf der methodischen Ebene hinter einer Forschungs- oder Konzeptpragmatik zurücktritt. Versuche der Integration beider Ansätze laufen häufig auf ein Nacheinander (mit unterschiedlichem Vorzeichen), Nebeneinander (mit unterschiedlichem Ausmaß der Unabhängigkeit beider Strategien) oder eine Über- bzw. Unterordnung (ebenfalls mit unterschiedlichem Vorzeichen) hinaus. Die Integration konzentriert sich oft auf die Ebene der Verknüpfung von Ergebnissen oder bleibt auf die Ebene des Forschungsdesigns begrenzt – die kombinierte Verwendung verschiedener Methoden mit unterschiedlichem Ausmaß der Bezugnahme aufeinander. Weiterhin bestehen die Unterschiede in den beiden Strategien hinsichtlich der angemessenen Designs und Formen der Bewertung von Vorgehen, Daten und Ergebnissen weiter. Die Frage, wie dem bei der Kombination beider Strategien Rechnung getragen werden kann, bleibt weiter zu diskutieren.

Abschließend lassen sich jedoch einige Leitfragen für die Einschätzung von Beispielen der Kombination qualitativer und quantitativer Forschung formulieren (vgl. auch Flick 2007, Kap. 3):

- Wird beiden Zugängen gleiches Gewicht eingeräumt (in der Planung des Projekts, in der Relevanz der Ergebnisse und in der Bewertung der Forschung beispielsweise)?
- Werden beide Zugänge lediglich getrennt angewendet, oder werden sie tatsächlich aufeinander bezogen? So werden in vielen Studien qualitative und quantitative Methoden eher unabhängig voneinander angewendet, und die Integration beider Teile beschränkt sich auf den Vergleich von deren Ergebnissen.
- Was ist die logische Beziehung von beiden? Werden die Methoden nur sequentiell verknüpft und wie? Oder werden sie tatsächlich integriert in einem Multi-Methoden-Design?
- Was sind die Kriterien, die zur Bewertung der Forschung insgesamt genutzt werden? Dominiert ein traditionelles Verständnis von Validierung, oder werden beide Arten der Forschung mit jeweils angemessenen Kriterien bewertet?

Abschließend lässt sich festhalten, dass die Triangulation beider Ansätze die Kombinationen von Methoden Daten und Ergebnissen mit dem Ziel der Erkenntniserweiterung vorsieht, dabei beiden Ansätzen in ihren Besonderheiten Rechnung trägt und ihnen einen soweit als möglich gleichberechtigten Stellenwert einräumt, einen Rahmen für die aktuelle Verknüpfungsdiskussion liefern kann.

Weiterführende Literatur

Kelle behandelt die theoretischen und methodischen Grundlagen der Kombination von qualitativer und quantitativer Methodik. Das Handbuch von Tashakkori/Teddlie gibt einen Überblick über den Stand der Diskussion zu Mixed Methods, während der erste Beitrag angesichts von deren Grenzen die Rolle der Triangulation darin neu verortet.

Flick, Uwe (2011a): Zum Stand der Diskussion – Aktualität, Ansätze und Umsetzungen der Triangulation. In: Jutta Ecarius/I. Miethe (Hrsg.): Methodentriangulation in der qualitativen Bildungsforschung. Opladen: Verlag Barbara Budrich.

Kelle, Udo (2007): Die Integration qualitativer und quantitativer Methoden in der empirischen Sozialforschung – Theoretische Grundlagen und methodologische Konzepte. Wiesbaden: VS-Verlag Verlag für Sozialwissenschaften.

Tashakkori, Abbas/Teddlie, Charles (eds.) (2003a): Handbook of Mixed Methods in Social & Behavioral Research. Thousand Oaks: Sage.

6. Planung und Durchführung einer Triangulationsstudie

In den vorangegangenen Kapiteln wurden wiederholt Beispiele aus Studien angeführt, die eine oder andere Variante der Triangulation umgesetzt haben. Im Folgenden sollen die aus solchen Anwendungen bekannten praktischen Probleme der Triangulation noch einmal aufgegriffen werden mit Blick auf die Planung und Durchführung von Triangulationsstudien.

6.1 Spezielle Probleme des Zugangs

Wolff (2008) beschreibt, welche Probleme beim Einstieg in ein Untersuchungsfeld auftreten können und diskutiert ihren Erkenntniswert und mögliche Lösungsansätze. Er verdeutlicht dabei, dass Sozialforschung generell, und ggf. qualitative Forschung im Besonderen Zumutungen an das untersuchte Feld und seine Mitglieder mit sich bringen. Dazu zählen etwa:

- Zeit für Gespräche zu erübrigen,
- die Raumsouveränität teilweise aufzugeben,
- Peinlichkeiten auszuhalten,
- sich kommunikativen Zugzwängen auszusetzen (wie sie durch narrative Interviews entstehen),
- die eigenen Kommunikationsbedürfnisse einzuschränken (wenn sie sich einem Leitfaden-Regime unterwerfen),
- Infragestellungen bislang geltender Selbstverständlichkeiten zu akzeptieren.

Sie sollen darüber hinaus noch vielfältige eigene Aktivitäten entfalten wie:

- sich in den Forscher hinein versetzen (um für diesen interessante Daten liefern zu können);
- ihn über situative Relevanzen belehren;
- ihm Wege ebnen und auf kompetente Gesprächspartner hinweisen;
- Antworten auf Fragen geben, die sie sich selbst noch nie gestellt haben und deren Sinn zunächst dunkel bleibt;
- ihm ohne Sicherheiten Vertrauen schenken;
- sich und anderen erklären, was es mit dem Forscher und seinem Projekt auf sich hat;

- die eigene Ungestörtheit zu signalisieren, obwohl man sich unter Beobachtung weiß u.ä.m. (Wolff 2008: 335).

Bei Studien mit verschiedenen Methoden verstärkt sich dieser Zumutungscharakter von Forschung noch zusätzlich. Einerseits verdoppeln sich die Zumutungen bei der Verwendung von zwei (oder mehr) Methoden. Anderseits steigt der zeitliche Aufwand (nicht nur ein Interview, sondern ggf. noch regelmäßige Beobachtungen, Gesprächsaufzeichnungen etc.). Dieser relativ höhere Aufwand erhöht schon per se die Gefahr, dass potentielle Untersuchungsteilnehmer abwinken und nicht für die Studie zur Verfügung stehen. Bei der Untersuchung zum Vertrauen in Beratung (Flick 1989) stellte sich zusätzlich das Problem der selektiven Bereitschaft: Verschiedene der – nach dem theoretischen Sampling mit gutem Grund – angesprochenen Berater stimmten zwar einem Interview zu, waren jedoch nicht bereit, ein Beratungsgespräch zur Verfügung zu stellen. Andere wiederum sahen kein Problem in der Aufzeichnung ihrer Praxis mit Klienten, waren jedoch nicht zu einem Interview bereit. Beides zusammen kann zu einem nicht unerheblichen Ausfall an interessanten bzw. sampling-technisch relevanten Fällen führen.

Eine weitere Schwierigkeit in diesem Zusammenhang ist bei der Kombination von Interviews mit Beobachtungen an offenen Plätzen (Marktplätzen, Bahnhöfen), dass es sich zum Teil nicht realisieren lässt, alle Personen, die diese Orte frequentieren, systematisch in die Untersuchung einzubeziehen, bspw. ihre Einverständniserklärung einzuholen, was bei den Interviews wiederum möglich ist.

6.2 Design

Triangulation in Fallstudien

In Bezug auf das Design einer Triangulationsstudie stellen sich ähnliche Fragen wie hinsichtlich Designs qualitativer Forschung generell (vgl. Flick 2008a, 2008c), teilweise jedoch in pointierter Form. Einerseits lässt sich die Triangulation in eines der Basisdesigns qualitativer Forschung einbetten: So kann man eine Einzelfallstudie unter Einbeziehung unterschiedlicher Datensorten, durch die Verwendung verschiedener Methoden oder auch unter Rückgriff auf unterschiedliche theoretische Ansätze durchführen. Hildenbrand (2005) beschreibt für seinen Ansatz der fallrekonstruktiven Forschung, wie er Familien als Fälle untersucht und dabei zunächst Beobachtungsprotokolle erstellt, die dann durch familiengeschichtliche Gespräche, Genogramm- und Dokumentenanalysen ergänzt werden.

Triangulation in Vergleichsstudien

Andererseits lassen sich Triangulationsstudien auch als Vergleichsstudien anlegen. Hinsichtlich der planbaren und möglichen Vergleichsformen ergibt sich eine Vielzahl von Möglichkeiten, die auf unterschiedlichen Ebenen angesiedelt sind. Zunächst einmal bieten sich Vergleiche über die Fälle hinweg auf der Ebene der Anwendung der einzelnen Methode an: Welche Gemeinsamkeiten und Unterschiede zeigen sich in den Wissensbeständen der verschiedenen Befragten ($Fall_{1-N}$) bzw. in den Handlungsweisen der verschiedenen Untersuchungsteilnehmer ($Fall_{1-N}$)? Weiterhin können Vergleiche zwischen den Ergebnissen der Anwendung der verschiedenen methodischen Zugänge auf der Ebene des Einzelfalls angestellt werden: Was zeigt der Vergleich des Wissens eines Befragten mit seinem Handeln, welche Gemeinsamkeiten und Unterschiede ergeben sich? Darüber hinaus lassen sich die Ergebnisse der Vergleiche über die Fälle auf der Ebene der einzelnen Methoden mit einander vergleichen: Wie stehen die Gemeinsamkeiten und Unterschiede im Wissen in Beziehung zu den Gemeinsamkeiten und Unterschieden im Handeln? Und schließlich lassen sich fallübergreifende Vergleiche hinsichtlich der Konvergenzen und Divergenzen, die sich auf der Ebene der Einzelfälle ergeben haben, anstellen: Lässt sich bspw. eine Typologie der Beziehungen zwischen Wissen und Handeln herausarbeiten (vgl. Abb. 6-1)?

Abbildung 6-1: Vergleichsdimensionen in Triangulationsstudien

Methode I		Methode II
$Fall_1$	Vergleich	$Fall_1$
$Fall_2$	Vergleich	$Fall_2$
...		...
$Fall_N$	Vergleich	$Fall_N$
Vergleich $Fall_{1-N}$	Vergleich	Vergleich $Fall_{1-N}$
	Vergleich	

Zeitliche Sequenzierung der Triangulation

Wie für die Kombination von qualitativen und quantitativen Methoden bereits in Kapitel 5 kurz angesprochen, können unterschiedliche Formen der methodischen Triangulation auch bei der Verwendung von (ausschließlich) qualitativen Methoden in zeitlicher Hinsicht in drei Variationen geplant werden: Die verschiedenen Methoden können parallel verwendet werden – zeitgleich zur Beobachtung werden auch die Interviews durchgeführt, Berater werden zu einem Interview gebeten und gleichzeitig, ein Beratungsgespräch zu ‚liefern'. Die verschiedenen Methoden können sequentiell eingesetzt werden – zuerst werden alle Interviews durchgeführt, dann wird eine Phase der Feldbeobachtung angeschlossen oder um Aufzeichnungen von Beratungsgesprächen gebeten. Schließlich können die Methoden auch verschränkt eingesetzt werden, dass zunächst eine Beobachtungsphase, danach eine Serie von Interviews und dann wieder eine Beobachtungsphase durchgeführt werden und beide Stränge der Forschung auf einander bezogen werden.

Triangulation im Längs- und Querschnitt

Die meisten Triangulationsstudien werden im Querschnitt angelegt. Das „integrierte Paneldesign", das Kluge (2001) vorstellt, sieht jedoch mehrere Wellen von Interviews und standardisierten Befragungen vor (vgl. auch Kapitel 5). Dieser Ansatz lässt sich auch auf die Kombination verschiedener qualitativer Methoden übertragen: Mehrere Interviews werden über einen längeren Zeitraum durchgeführt (vgl. bspw. Gerhardt 1986 für ein solches Design) und parallel oder zeitlich versetzt werden Beobachtungen mehrfach über einen längeren Zeitraum realisiert. Abgesehen davon, dass es sehr wenig Längsschnittuntersuchungen in der qualitativen Forschung gibt (vgl. Lüders 20008b), wird durch die Erweiterung des Ansatzes in die Breite (mehrere Methoden) und in die Länge (wiederholte Anwendung der Methoden) das Forschungsdesign sehr komplex im Vergleich zu den üblichen qualitativen Forschungsprojekten. Damit ist auch der letzte Aspekt angesprochen, der hier kurz behandelt werden soll.

Ressourcenplanung

Bei der Ressourcenplanung (Zeitplanung, methodische Kompetenzen, Kosten etc.) für eine Triangulationsstudie ist zu berücksichtigen, dass die Anwendung verschiedener methodischer Ansätze in einem Projekt voraussetzt, dass der oder die Forscher Erfahrungen mit den verschiedenen Methoden haben – entweder jeder in allen Methoden oder arbeitsteilig (vgl. hierzu auch Kelle 2001). Durch die Komplexität der zeitlichen und organisatorischen Planung einer Triangulationsstudie wird die Planung und Durchführung deutlich ressourcen-aufwändiger als die Planungen eines qualitativen Projektes, die bei Miles und Huberman (1984: 47) oder Morse (1994) zu finden sind.

Schließlich lässt sich aus der Diskussion über die Verbindung von qualitativer und quantitativer Forschung die Frage auf die Triangulation verschiedener qualitativer Methoden übertragen, in welchem Verhältnis die einzelnen Methoden zueinander stehen – werden sie gleichberechtigt eingesetzt oder ist eine Methode der anderen vor-, nach-, unter- oder übergeordnet.

6.3 Sampling

Sampling-Strategien leiten aus der Forschungsfrage konkrete Vorgaben ab, welche empirischen „Einheiten" in die Untersuchung einbezogen werden sollten. Dabei reicht das Spektrum von eher abstrakten (etwa einem statistisch-numerischen Modell folgenden) Strategien wie einer Zufallsauswahl zu eher konkret auf die Inhalte der Untersuchung bezogenen Strategien (etwa das theoretische Sampling i.S. von Glaser/Strauss 1967 oder eine der Varianten des purposive sampling i.S. von Patton 1980 – vgl. auch Flick 2007, Kap. 8). In Bezug auf das Sampling in Triangulationsstudien lassen sich im wesentlichen drei Aspekte diskutieren: (1) Wie lässt sich einerseits sicherstellen, dass die Samplingstrategie, die für die jeweilige Einzelmethode angewendet würde, auch im Kontext der Triangulation verschiedener Methoden realisiert werden kann? (2) Welche Möglichkeiten eines verschränkten Samplings sind sinnvoll? (3) Wie lassen sich die unterschiedliche Sampling-Logiken verschiedener Methoden bzw. Ansätze berücksichtigen bzw. zusammenbringen?

Eine Samplingstrategie für verschiedene Methoden

Bei der Studie zu Gesundheits- und Alterskonzepten wurde ein nach bestimmten Kriterien definiertes Sample von Hausärzten und Pflegekräften in zwei Großstädten konstruiert und realisiert (Flick et al. 2004, Kap. 3). In die über ein Jahr später durchgeführten Focusgroups sollte im Prinzip dasselbe Sample einbezogen werden. Auch hier gab es eine Reihe von Ausfällen (Interviewpartner, die von vorneherein kein Interesse an einer Teilnahme an einer der Gruppen hatten, oder kurzfristig absagten). Bei einer Analyse der Ergebnisse der Focusgroups und der In-Beziehung-Setzung zu den Interviews sind solche Unterschiede zu berücksichtigen.

Verschränktes Sampling

Verschränktes Sampling meint, dass für die Anwendung der zweiten Methode aus dem Sample bzw. der Stichprobe für die erste Methode ausgewählt wird. Bspw. werden aus der Stichprobe einer Fragebogenstudie einzelne Fälle ausgewählt, aus denen sich dann das Sample für offene Interviews zusammensetzt (vgl. Schönberger/Kardorff 2004 oder Kluge 2001: 49). Aufgrund der Interviews, die mit verschiedenen Beratern geführt wurden, wird eine Auswahl von Personen aus dem dabei angewandten theoretischen Sampling gezogen, die gebeten werden, ein Beratungsgespräch aufzuzeichnen und zur Verfügung zu stellen, auf das dann die zweite Methode angewendet wird (vgl. Flick 1989). Aus der Beobachtung einer offenen

Szene auf einem Spielfeld werden einzelne Fälle ausgewählt für die Durchführung von Interviews, wobei die soziale Verortung der Fälle im beobachteten Sozialgefüge zum Kriterium wird (vgl. Gebauer et al. 2004). In all diesen Beispielen sind inhaltliche Kriterien, die sich aus dem einen Teil der Untersuchung ergeben, für die Auswahl der Fälle für den zweiten Teil ausschlaggebend.

Unterschiedliche Logiken des Sampling

Schließlich ist bei der Anwendung verschiedener Methoden auch in Betracht zu ziehen, ob diese nicht jeweils unterschiedliche Samples verlangen. Bei Interviews wird sich das Sampling in der Regel auf Personen richten, bei Beobachtungen eher auf Situationen, die erfasst werden sollen, so dass hier nicht notwendigerweise dieselben Personen einbezogen werden müssen wie bei der Befragung.

6.4 Datensammlung

Veränderung des Untersuchungsgegenstandes

In dieser Hinsicht gelten eine Reihe der bereits im Abschnitt zu Designfragen behandelten Punkte. Zumindest berücksichtigt werden sollte der zeitliche Aspekt. Wenn die verschiedenen (qualitativen und/oder quantitativen) Methoden nacheinander angewendet werden, ist zu überlegen, wie der zeitliche Abstand zwischen ihrer Anwendung berücksichtigt werden kann. In der Studie zu Gesundheits- und Alterskonzepten lag zwischen den (ersten) Interviews und den Focusgroups z.T. mehr als ein Jahr. In der Zwischenzeit kann sich der Gegenstand, der in den Interviews und den Focusgroups behandelt werden sollte, deutlich verändert haben – hier etwa durch Veränderungen der gesundheitspolitischen Diskussion in den Medien, Fachverbänden oder in der Gesetzeslage bzw. entsprechenden Planungen. Entsprechend stellt sich die Frage, inwieweit die Teilnehmer im Interview und später in der Focusgroup noch über ‚das Selbe' sprechen und wie solche Veränderungen in den Daten berücksichtigt werden können.

Interferenzen zwischen verschiedenen Methoden

Ein zweiter Gesichtspunkt sind Interferenzen der verschiedenen Datenerhebungsmethoden. Einerseits ist bei der Triangulation quantitativer und qualitativer Methoden, etwa von Fragebogen und offenen Interviews am selben Fall zu berücksichtigen, dass die relativ starke Strukturierung der einen Erhebungssituation (standardisierte Befragung) bei den Untersuchungsteilnehmern eine Erwartungshaltung gegenüber Forschung hervorrufen oder bestätigen kann, die dann auf die zweite Situation ausstrahlt – so dass entsprechend die Erzählung im anschließenden narrativen Interview auch hinsichtlich des situativen Rahmens beeinflusst wird. Darüber entfaltet sich die Stärke des Interviews in begrenzterem Rahmen als ohne den quantitativen Vorlauf. Ähnliche Einflüsse sind auch unter anderem Vorzeichen denkbar. Schließlich ist zu bedenken, wie mit dem Wissen aus der jeweils anderen Erhebungssituation bei der Sammlung von Daten umgegangen werden soll. Das Wissen des Forschers über das Wissen des Untersuchungsteilnehmers, das in einem Interview rekonstruiert wurde, kann dazu verleiten, in der Beobachtungssituation gezielt (bzw. nur noch) nach bestätigenden oder widersprechenden Handlungen oder Ereignissen zu suchen. Dies ist nicht unbedingt unter dem Fokus der Validierung der einen durch die andere Methode relevant als vielmehr unter dem Blickwinkel der konsequenten Ausschöpfung des Erkenntnispotentials jeder der verwendeten Methoden.

Andererseits können solche Interferenzen auch gezielt genutzt werden, indem man sich etwa bei den Fragen in einem Interview an den Erkenntnissen aus der vorangegangenen Beobachtung orientiert und darauf bezogen bestimmte Punkte gezielt anspricht. Ebenso können die Aussagen in einem Interview bei der Planung und Durchführung von Beobachtungen verwendet werden, um diese stärker zu fokussieren. So wurde in den Focusgroups mit Ärzten gezielt auf Informationen aus den zuvor geführten Interviews zurückgegriffen, um die Diskussion zu stimulieren (vgl. Flick et al. 2004).

Wesentlich ist in beiden Fällen, mit solchen Interferenzen reflektiert umzugehen, also zu klären, wie sie genutzt oder ggf. vermieden werden sollen und dies für jeden Einzelfall in vergleichbarer Weise zu gestalten.

6.5 Interpretation

Bei der Interpretation der verschiedenen Daten (-sorten), die sich in einer Triangulationsstudie ergeben, lässt sich das gerade für die Datenerhebung Ausgeführte noch weitergehend formulieren. Hier sind verschiedene Strategien der Verknüpfung denkbar. Einerseits kann jeder Datensatz separat analysiert werden: Zunächst werden alle Interviews verglichen, um daraus Gemeinsamkeiten und Tendenzen abzuleiten. Danach werden die zur Verfügung gestellten Beratungen vergleichend analysiert. Die dabei deutlich werdenden Gemeinsamkeiten und Tendenzen werden dann auf die Ergebnisse der Interviewauswertung bezogen und vice versa.

Andererseits können jeweils beide Datensorten auf der Ebene des Einzelfalles auf einander bezogen und analysiert werden. Schließlich können aus der Analyse des einen Datensatzes Kategorien abgeleitet werden für die Analyse des zweiten Datensatzes. Aus der Analyse von Beratungsgesprächen ergibt sich ein allgemeines Ablaufmodell von Beratungen im Kontext „Sozialpsychiatrie“. Die Phasen von

Beratungen, die dabei deutlich werden, sind jeweils mit spezifischen ‚Aufgaben' für den Berater bei der Herstellung einer (vertrauensvollen) Beziehung zum Klienten verbunden. Am Anfang des Gespräches muss etwa eine Beziehung hergestellt, das Problem benannt und exploriert und dabei dem Klienten ausreichend Raum für die Darlegung der eigenen Sichtweise auf sein Problem eingeräumt werden. Aus diesen ‚Aufgaben' lassen sich Kategorien ableiten für die Analyse der über Interviews rekonstruierten subjektiven Theorien der Berater. Mit diesen Kategorien kann dann gezeigt werden, inwieweit solche Phasen und ‚Aufgaben' in Bezug auf ihre Realisierung und ggf. auch idealtypisch darin repräsentiert sind (vgl. Flick 1989).

Bei der methodeninternen Triangulation kann es sinnvoll sein, die verschiedenen Datensorten getrennt und kontrastiv zu analysieren – bspw. die Inhalte von Erzählungen gezielt denen von subjektiven Definitionen gegenüberzustellen. Die Frage ist dann, welche Gemeinsamkeiten und Unterschiede sich zwischen den subjektiven Präventionskonzepten von Pflegekräften und dem was sie über die Realisierbarkeit von Prävention in ihrer täglichen Arbeit erzählen, ergeben (vgl. Flick et al. 2004).

6.6 Verwendung von Computern bei Triangulationsstudien

QDA-Software

Mittlerweile liegen nicht nur für den quantitativen Bereich, in dem v. a. SPSS zu einer Standardsoftware geworden ist, sondern auch für den qualitativen Bereich eine Reihe von Software-programmen, sog. QDA-Programme (Qualitative Data Analysis-Programme), vor (vgl. hierzu Flick 2007, Kap. 26; Gibbs 2008; Kelle 1995, 2008; Weitzman 2000 oder auch Bazeley 2003). Diese Programme sind vor allem für die Unterstützung der Analyse und Bearbeitung von textuellen (Interviews, Gesprächsaufzeichnungen) und visuellen Daten (Bildern, Filmmaterial, Videoaufzeichnungen) konzipiert. Dazu zählen Programme wie ATLAS/ti, Nudist, EnVivo, WinMax bzw. MaxQDA. Im Gegensatz zu SPSS führen diese Programme jedoch nicht Analysen und analytische Schritte selbst durch, sondern unterstützen die Verwaltung von Texten, das Suchen und Kodieren von Material. Sie sind darin eher mit einem Textverarbeitungsprogramm wie WORD oder Wordperfect als einem Statistikprogramm wie SPSS vergleichbar. Bei der Anwendung von Computern in Triangulationsstudien lassen sich verschiedene Probleme diskutieren.

Verwaltung und Verknüpfung unterschiedlicher Datensätze

Einerseits ergibt sich bei der Verwendung verschiedener Datensorten (z.B. Interviews und Focusgroups) das Problem der Verwaltung dieser Daten. Im Programm

ATLAS/ti werden für Analyse sog. hermeneutische Einheiten gebildet, in die Primärtexte (die Daten) und Sekundärtexte (Memos, Kodes, Kodenetzwerke, im Zuge der Auswertung verfasste Texte etc.) eingebunden werden, die dann aufeinander bezogen verwaltet und bearbeitet werden können. Dem Programm ist dabei natürlich egal, ob es sich bei den Primärtexten um gleichartige Daten (Interviews) oder verschiedene Datensorten (Interview- und Focusgroup-Transkripte) handelt. Sie sollten jedoch entsprechend gekennzeichnet sein, um später immer noch nachvollziehen zu können, ob eine Aussage aus einem Interview oder einer Focusgroup stammt. Wenn die beiden Untersuchungsteile (Interviews und Focusgroups) zunächst einmal getrennt analysiert werden, liegt es nahe, für beide Teile getrennte hermeneutische Einheiten zu bilden, um diese bzw. die entsprechenden Dateien nicht zu groß werden zu lassen. Erfahrungsgemäß ist es jedoch schwierig, verschiedene hermeneutische Einheiten zusammenzuführen, weshalb sich die Notwendigkeit ergibt, entweder von vorneherein alle Daten (-sorten) in einer solchen Einheit zu behandeln. Dies gilt vor allem für Studien, die verschiedene qualitative Methoden triangulieren. Bei der methodeninternen Triangulation – etwa beim episodischen Interview – stellt sich die Frage, wie die verschiedenen Datensorten (Erzählung und Aussagen) auch formal kodiert werden. Kodierungen richten sich bei Programmen wie ATLAS/ti ebenso wie dem bei dessen Entwicklung als Modell verwendeten Vorgehen von Glaser und Strauss (1967) vor allem auf die Inhalte des Textes, so dass die formale Qualität einer Passage eine zweite Ebene der Kodierung darstellt. Hier sollte am Anfang einer Triangulationsstudie ein Weg für die doppelte Kodierung von Material festgelegt werden.

Schnittstellen zwischen QDA- und Statistik-Software

Andererseits stellt sich bei Triangulationsstudien mit qualitativen und quantitativen Methoden die Frage der Verknüpfung der Daten und darauf bezogenen Auswertungen auch auf der Ebene des Computers. Keines der vorliegenden QDA-Programme hat die Zielsetzung und bietet die programminterne Möglichkeit, statistische Auswertungen von Daten vorzunehmen. SPSS ist nicht für die Verwaltung und Analyse von textuellen Daten (auf der Ebene des Textes, d.h. ohne Verschlüsselung in Zahlenwerte) vorbereitet. Entsprechend werden unterschiedliche Programme für die standardisierten und nicht-standardisierten Teile einer Studie angewendet. Hierbei ergibt sich die Frage der Schnittstellen: Lassen sich die beiden Programmtypen miteinander verknüpfen, können Daten und Analysen, die bspw. mit ATLAS/ti erstellt wurden, in SPSS überführen? Die neueren Versionen der Programme bieten diese Möglichkeit in beiden Richtungen, d.h. sie können auch Informationen aus SPSS einbinden. Auch hier stellt sich jedoch die Frage, wie vermieden werden kann, dass Programmvorgaben die Analysen und die Daten beeinflussen. Diese Diskussion ist für die QDA-Programme ausführlicher geführt worden. Entsprechende empirische Studien haben dabei aber gezeigt, dass die Art der Analysen sich nicht auf bestimmte Methoden durch den Einsatz von Computern reduziert (vgl. Fielding/Lee 1998). Konkretere Beispiele etwa des Imports von demographischen Daten (aus SPSS) in Analysen mit NUDIST finden sich bei Bazeley (2003), Vorschläge für die integrative Verwendung beider Datentypen im Programm WINMAX bei Kuckartz (1995).

6.7 Darstellung

Bei der Darstellung von Ergebnissen und Vorgehensweisen in Triangulationsstudien ergeben sich verschiedene generelle Probleme der Darstellung bei qualitativer Forschung in verstärktem Maße. Einerseits ist die überschaubare und nachvollziehbare und d.h. häufig auch dem potentiellen Leser angemessen knappe Präsentation von Erkenntnissen einschließlich empirischer Evidenzen und der Wege, die dahin geführt haben, hier deutlich schwieriger als bei quantitativen Studien (vgl. auch Lüders 2008b, 2006). Diese lassen sich meist einfacher in Form von Tabellen, Zahlen und Verteilungen vermitteln. Andererseits werden quantitative Ergebnisse häufig auf einem deutlich höheren Aggregierungsniveau als qualitative Ergebnisse erarbeitet, verarbeitet und dargestellt. So wird man bei einer Umfrage selten mit Ergebnissen auf der Ebene des Einzelfalles arbeiten, wogegen bei qualitativer Forschung die Fallanalyse häufig der erste und eine vergleichende Analyse erst der zweite, nachgeordnete Schritt auch auf der Ebene der Darstellung ist.

Notwendig für die Darstellung in einer Triangulationsstudie ist zum einen, dass die verschiedene methodischen Vorgehensweisen für sich genommen transparent gemacht werden, dass weiterhin nachvollziehbar wird, wie die Triangulation konkret angewendet wurde und dass Beispiele für die Verknüpfung etwa von Ergebnissen gegeben werden. Schließlich sollte aus der Darstellung deutlich werden, warum die Triangulation eingesetzt wurde und warum sie angemessen bzw. notwendig war.

6.8 Stellung der Triangulation im Forschungsprozess

Exploration

Wie in den vorangegangenen Kapiteln bereits deutlich geworden sein dürfte, kann die Triangulation zu unterschiedlichen Zwecken und an unterschiedlichen Stellen im Forschungsprozess eingesetzt werden. Zunächst einmal ist zum Beispiel häufiger zu finden, dass etwa Focusgroups zur Exploration des Untersuchungsgegenstandes verwendet werden. Die Ergebnisse der Focusgroups werden dann jedoch nur dazu genutzt, die eigentliche Erhebung bspw. Leitfadeninterviews vorzubereiten, nicht jedoch als eigenständiger Teil der Untersuchung bzw. der Gesamtergebnisse behandelt.

Datenerhebung

Weiterhin können verschiedene Methoden der Datenerhebung mit einander kombiniert werden. Um im Beispiel zu bleiben, werden Einzelinterviews und Focusgroups zu unterschiedlichen Aspekten des Themas durchgeführt. Die Analyse der Daten erfolgt dann jedoch mit derselben Methode (bspw. theoretisches Kodieren i.S. von Glaser/Strauss 1967), wobei ggf. die unterschiedlichen Daten in einem Datensatz zusammengefasst werden. Die Triangulation bleibt dann auf die Datenerhebung beschränkt.

Dateninterpretation

In ähnlicher Weise können verschiedene Methoden der Dateninterpretation trianguliert werden, indem sie auf mit einer Methode erhobene Daten angewendet werden. Ein Beispiel ist etwa die Anwendung der (offenen oder axialen) Kodierung nach Strauss (1991) in Kombination mit einem hermeneutischen Verfahren an ausgewählten Stellen von narrativen Interviews. In eine ähnliche Richtung zielt der Vorschlag einer hermeneutisch-klassifikatorischen Inhaltsanalyse von Roller et al. (1995). Dabei bleibt die Triangulation auf den Schritt der Analyse von Daten beschränkt. Ebenso kann in beiden Schritten triangulierend vorgegangen werden, in dem die mit unterschiedlichen Methoden erhobenen Daten auch mit verschiedenen Methoden analysiert werden.

Geltungsbegründung

In den bislang genannten Varianten kann das Ziel die Erweiterung der Erkenntnismöglichkeiten oder die Überprüfung von Ergebnissen der einen Methode durch die Resultate der anderen Methode sein. In vielen Fällen ist das Ziel der Triangulation jedoch von vornherein die Geltungsbegründung bzw. darauf beschränkt. Das ist dann der Fall, wenn etwa die wechselseitige Validierung von Daten oder Interpretationen im Sinne der früheren Konzeptionen von Denzin (1970) das Ziel der Triangulation ist.

Generalisierung

Ein weiteres Ansatzpunkt der Triangulation kann die Generalisierung von Ergebnissen sein (vgl. Flick 2001). Während bei quantitativer Forschung die Verallgemeinerung vor allem ein numerisches Problem ist, das mit statistischen Mitteln gelöst werden soll, ist diese Frage bei der qualitativen Forschung diffiziler. Zunächst einmal stellt sich das Problem der Verallgemeinerbarkeit in ähnlicher Weise: Eine begrenzte, nach bestimmten Kriterien ausgewählte Zahl von Fällen (ggf. auch ein einzelner Fall) wurde untersucht, und die Ergebnisse beanspruchen über das Untersuchungsmaterial hinaus Gültigkeit. Der Fall oder die Fälle stehen für allgemeinere Zusammenhänge. Die Frage der Verallgemeinerbarkeit stellt sich in der qualitativen Forschung aber häufig auch in grundsätzlich anderer Hinsicht, als ein Teil dieser Forschung der Theorieentwicklung aus empirischem Material dient (im Sinne von Glaser/Strauss 1967). Dann stellt sich die Frage, auf welche weiteren Kontexte die entwickelte Theorie übertragen werden kann bzw. für welche weiteren Kontexte sie gültig ist. Entsprechend ist ein Ansatzpunkt zur Beurteilung qualitativer Forschung zu fragen, welche Überlegungen und Schritte unternommen wurden, um den Geltungsbereich empirischer Ergebnisse oder daraus entwickelter Theorien zu bestimmen bzw. zu erweitern. Dabei sind die Ausgangspunkte die Analyse von Fällen und die Wege, die von ihnen ausgehend zu allgemeineren Aussagen beschritten werden. Das Problem der Generalisierung liegt bei qualitativer Forschung u.a. darin, dass ihr Ansatzpunkt häufig gerade die auf einen Kontext, auf einen konkreten Fall bezogene Analyse von Bedingungen, Zusammenhängen, Verläufen etc. ist. Durch diesen Kontextbezug gewinnt qualitative Forschung (häufig) eine spezifische Aussagekraft. Im Schritt der Generalisierung wird dieser Kontextbezug gerade aufgegeben, um zu untersuchen, inwieweit die gefundenen Zusammenhänge auch unabhängig und außerhalb von spezifischen Kontexten gelten. In der Zuspitzung dieses Dilemmas behandeln etwa Lincoln und Guba (1985) das Problem unter der Überschrift „Die einzige Generalisierung ist: Es gibt keine Generalisierung“. Jedoch skizzieren sie mit der Übertragbarkeit (transferability) von Erkenntnissen aus einem Kontext in einen anderen und der Passung (fittingness) als Grad der Vergleichbarkeit verschiedener Kontexte Kriterien und Wege für die Verallgemeinerung von Erkenntnissen über einen Kontext hinaus.

So werden verschiedene Möglichkeiten diskutiert, wie der Weg vom Fall zur Theorie so abgesteckt werden kann, dass sich zumindest eine gewisse Verallgemeinerung erreichen lässt. Ein erster Schritt ist die Klärung der Frage, welcher Grad an Verallgemeinerung mit der jeweiligen Studie überhaupt angestrebt wird und erreichbar ist, um angemessene Ansprüche an die Generalisierung abzuleiten. Ein zweiter Schritt ist die sorgfältige Einbeziehung von unterschiedlichen Fällen und Kontexten, in denen die untersuchten Zusammenhänge empirisch analysiert werden. Die Generalisierbarkeit der Ergebnisse hängt häufig eng mit der Realisierung der Auswahl zusammen, wobei das theoretische Sampling eine Strategie anbietet, die Variation der Bedingungen (Kleining 1982), unter denen ein Phänomen empirisch untersucht wird, möglichst breit zu gestalten. Der dritte Ansatzpunkt ist der systematische Vergleich erhobenen Materials. Schließlich kann die Triangulation einen Beitrag zur Generalisierung in diesem Sinne leisten. Hierbei liegt das Ziel der Triangulation in der Übertragung der etwa auf der Ebene des Wissens gewonnenen Ergebnisse auf die Ebene des Handelns durch die Anwendung einer zweiten Erhebungsmethode. Auch dies ist ein spezifischer Schritt im Forschungsprozess. Allgemeiner betrachtet ist bei der Kombination verschiedener (z.B. qualitativer und quantitativer) Methoden zu klären, welcher Logik (numerisch oder theoretisch) die Generalisierung in dieser Studie folgen soll und inwieweit der jeweilige Ansatz der Generalisierung von der einen auf die andere Methode übertragen werden kann.

6.9 Qualitätskriterien für Triangulationsstudien

Hinsichtlich der Bewertung von Triangulationsstudien bzw. der Planung einer solchen Studie in einer Form, die Qualitätsansprüchen genügt, lassen sich wiederum verschiedene Aspekte behandeln.

Kompatibilität von Kriterien

Zunächst einmal ist bei Studien, die qualitative und quantitative Methoden kombinieren, zu berücksichtigen, dass sich die im jeweiligen Bereich diskutierten Qualitätskriterien nicht einfach auf den anderen Bereich übertragen lassen. Steinke (1999) hat für die Validitäts- und Reliabilitätskriterien aus der Psychologie bzw. Testtheorie gezeigt, warum sie nicht auf die qualitative Forschung übertragen werden können. Im Sinne einer tatsächlichen Triangulation beider Ansätze sollte nicht bei der Bewertung ein Ansatz für die Bewertung der ganzen Studie dominieren, sondern auch dabei der Besonderheit beider Ansätze Rechnung getragen werden.

Aber auch innerhalb der qualitativen Forschung gibt es bislang wenig Einigkeit darüber, welche Kriterien der (eigenen) qualitativen Forschung angemessen sind. Wie die heftige Reaktion von Reicher (2000) verdeutlicht, sind die guidelines bzw. Kriterien, die Elliot, Fischer und Rennie (1999) für die Bewertung bzw. Publikation qualitativer Studien vorgelegt haben, trotz ihrer relativ allgemeinen Formulierung nicht unbedingt konsensfähig. Auch im deutschen Sprachraum ist die Diskussion um die angemessenen Kriterien, mit denen qualitative Forschung beurteilt werden soll, noch lange nicht ausgestanden. Vielmehr ist die Frage noch nicht beantwortet, ob Kriterien überhaupt geeignet sind, die Besonderheit qualitativer Forschung angemessen zu bewerten (vgl. hierzu Flick 2007, Kap. 28, 29, 2008 oder Hirschauer 2001). Entsprechend sollte auch bei der Verwendung verschiedener qualitativer Methoden in einer Studie die Angemessenheit der Bewertungskriterien im jeweiligen Fall berücksichtigt werden.

Qualität von Triangulationsstudien

Schließlich stellt sich die Frage, was eigentlich die Qualität einer Triangulationsstudie selbst ausmacht, bzw. wie sie sich bewerten lässt. Dabei ist einerseits zu fragen, ob und inwieweit bei der Kombination verschiedener Methoden deren jeweiligem theoretischen bzw. methodologischen Hintergrund Rechnung getragen wurden. Andererseits ist zu fragen, in welches Verhältnis die verschiedenen Methoden zueinander gesetzt wurden – haben sie einen gleichberechtigten Stellenwert oder wurde eine Methode nur explorativ, die andere dagegen als zentrale Methode eingesetzt. Weiterhin ist zu fragen, ob die jeweiligen Methoden in sich konsequent eingesetzt und behandelt wurden. Abschließend sollte in einer Triangulationsstudie auch jeweils deutlich sein, warum der zusätzliche Aufwand der Verwendung verschiedener Methoden betrieben wurde und dass darüber unterschiedliche Ebenen und Aspekte des untersuchten Phänomens zugänglich bzw. erfasst wurden.

6.10 Indikation von Methoden als Ausgangspunkt der Triangulation

Lehrbücher geben nicht nur in qualitativer Forschung, sondern in empirischer Forschung generell viel zu selten eine Hilfestellung für die Entscheidung, wann eine bestimmte Methode für eine Untersuchung ausgewählt werden sollte. Die meisten Bücher behandeln die einzelnen Methoden oder Forschungsdesigns separat, wenn sie ihre Eigenschaften und Probleme beschreiben. Häufig gelangen sie nicht zu einer vergleichenden Darstellung verschiedener methodischer Alternativen oder zur Formulierung von Ansatzpunkten dafür, wie eine spezielle (und nicht eine andere) Methode für einen Forschungsgegenstand ausgewählt werden sollte. Entsprechend erscheint es für qualitative aber auch für quantitative Forschung notwendig, die Frage der Indikation weiter zu klären (vgl. hierzu für die qualitative Forschung Flick 2007, Kap. 29). In Medizin oder Psychotherapie wird die Angemessenheit einer spezifischen Behandlung für bestimmte Probleme und Patientengruppen – die Indikation (der Behandlung) – geprüft. Die Antwort auf diese Frage lautet, ob eine spezifische Behandlung angemessen (indiziert) für ein bestimmtes Problem im konkreten Fall ist oder nicht. Überträgt man diese Prüfung auf empirische Forschung, lauten die relevanten Fragen: Wann sind welche qualitativen Methoden angemessen – für welchen Gegenstand? Für welche Fragestellung? Für welche Untersuchungsgruppe (Population) oder welches Untersuchungsfeld etc.? Wann sind quantitative Methoden oder eine Kombination von quantitativen und qualitativen Methoden indiziert? Für Triangulationsstudien ergeben sich noch zusätzliche

Fragen: Wann sind verschiedene Methoden indiziert, und wann ist eine bestimmte Kombination verschiedener Methoden indiziert (vgl. Tabelle 6-1)?

Tabelle 6-1: Indikation von Forschungsmethoden

Psychotherapie und Medizin			Empirische Forschung		
Welche Krankheit			Welcher Gegenstand		
Welche Symptomatik		welche Behandlung	Welche Population		welche Methode
Welche Diagnose Welche Personengruppe	indizieren	bzw. Therapie?	Welche Fragestellung Welcher Kenntnisstand über Gegenstand und Population	indizieren	bzw. welche Methoden?

1. Wann ist welche Methode geeignet und verwendbar?
2. Wann ist die Triangulation von Methoden geeignet und verwendbar?
3. Wann ist welche Kombination von Methoden geeignet und verwendbar?
4. Gibt es Anhaltspunkte für eine begründete Entscheidung für oder gegen bestimmte Methoden?

6.11 Fazit

Insgesamt betrachtet bringt die Planung einer Triangulationsstudie verschiedene Probleme mit sich, die zwischen der ausreichend konsequenten Anwendung der Kombination verschiedener methodischer Zugänge einschließlich ihrer theoretischen Hintergründe, der gleichberechtigten Behandlung der verschiedenen Zugänge im Design und der Anlage der Studie bis zur Klärung in wieweit der Aufwand für die Triangulation im Verhältnis zum Nutzen in Bezug auf die Fragestellung und zu den verfügbaren Ressourcen stehen. Werden diese Punkte ausreichend berücksichtigt, ist die Triangulation eine lohnende Strategie der Erweiterung der Erkenntnismöglichkeiten im Vergleich zu Ansätzen, die sich auf einen methodischen Zugang beschränken. Wie in den vorangegangen Kapiteln deutlich geworden sein sollte, liegt der Gewinn der Triangulation weniger in der wechselseitigen Überprüfung von Ergebnissen (wie ursprünglich von Denzin vorgeschlagen und von den meisten Kritikern des Ansatzes heute noch als Zielsetzung unterstellt), sondern in Erweiterung der Erkenntnismöglichkeiten durch die Erweiterung von Perspektiven auf den untersuchten Gegenstand. Vielleicht lässt sich dieser Überblick über Ansätze der Triangulation, ihre Planung, Vor- und Nachteile am besten mit zwei Zitaten schließen, die das Spannungsfeld, in der die Triangulation sich bewegt, abstecken:

1. There is no magic in triangulation (Patton 1980: 330).

2. Triangulation is expensive. Weak designs may result from its implementation. However, its use, when coupled with sophisticated rigor, will broaden, thicken, and deepen the interpretive base of any study (Denzin 1989: 247).

Weiterführende Literatur

Das erste Buch behandelt Fragen der Planung qualitativer Forschung als Rahmen der Verwendung der Triangulation ausführlicher. Der zweite Titel behandelt Planungsfragen für qualitative und quantitative Forschung und der dritte legt dabei stärkeres Gewicht auf die Planung eines überschaubaren Forschungsprojekts etwa im Rahmen einer Abschlussarbeit.

Flick, Uwe (2007): Qualitative Sozialforschung – Eine Einführung (erw. und akt. Neuausg.). Reinbek: Rowohlt.

Flick, Uwe (2009): Sozialforschung - Methoden und Anwendungen: Ein Überblick für die BA-Studiengänge. Reinbek: Rowohlt.

Flick, Uwe (2011b): Introducing Research Methodology – A Beginners' Guide to Doing A Research Project. London: Sage

Literaturverzeichnis

Amann, Klaus/Hirschauer, Stefan (1997): Die Befremdung der eigenen Kultur. Ein Programm. In: Stefan Hirschauer/Klaus Amann (Hrsg.): Die Befremdung der eigenen Kultur. Zur ethnographischen Herausforderung soziologischer Empirie, Frankfurt a. M.: Suhrkamp, S. 7-52.

Angrosino, Michael (2008): Ethnographic Research and Participant Observation. London: Sage.

Barbour, Rosaline S. (2008): Doing Focus Groups. London: Sage.

Barton, Alan H./Lazarsfeld, Paul F. (1955/1979): Einige Funktionen von qualitativer Analyse in der Sozialforschung. In: Christel Hopf/Elmar Weingarten (Hrsg.): Qualitative Sozialforschung. Stuttgart: Klett-Cotta, S. 41-89.

Bateson, Gregory/Mead, Margaret (1942): Balinese Character: A Photographic Analysis. New York: New York Academy of Sciences.

Bazeley, Pat (2003): Computerized Data Analysis for Mixed Methods Research. In: Abbas Tashakkori/Charles Teddlie (eds.): Handbook of Mixed Methods in Social & Behavioral Research. Thousand Oaks: Sage, S. 385-422.

Becker, Howard/Geer, Blanche S. (1979): Teilnehmende Beobachtung – die Analyse qualitativer Forschungsergebnisse. In: Christel Hopf/Elmar Weingarten (Hrsg.): Qualitative Sozialforschung. Stuttgart: Klett-Cotta, S. 139-165.

Bergmann, Jörg R. (1985): Flüchtigkeit und methodische Fixierung sozialer Wirklichkeit. Aufzeichnungen als Daten der interpretativen Soziologie. In: Wolfgang Bonß/Heinz Hartmann (Hrsg.): Entzauberte Wissenschaft – Zur Realität und Geltung soziologischer Forschung. Göttingen: Schwartz, S. 299-320.

Bergold, Jarg B./Flick, Uwe (Hrsg.) (1987): Ein-Sichten. Zugänge zur Sicht des Subjekts mittels qualitativer Forschung. Tübingen: DGVT-Verlag.

Blaikie, Norman W. (1991): A Critique of the Use of Triangulation in Social Research. *Quality and Quantity*, 25, 115-136.

Bohnsack, Ralf (2008): Gruppendiskussion. In: Uwe Flick/Ernst v. Kardorff/Ines Steinke (Hrsg.): Qualitative Forschung – Ein Handbuch (6. durchgesehene und aktualisierte Auflage). Reinbek: Rowohlt, S. 369-384.

Bortz, Jürgen/Döring, Nicola (1995): Forschungsmethoden und Evaluation für Sozialwissenschaftler (2. Aufl.). Berlin u.a.: Springer.

Bourdieu, Pierre/Wacquant, Loic J. (1992): Reflexive Anthropologie. Frankfurt a. M.: Suhrkamp.

Breidenstein, Georg (1998): Exkurs zu den Methoden. In: Georg Breidenstein/Helga Kelle, Geschlechteralltag in der Schulklasse. Ethnographische Studien zur Gleichaltrigenkultur. Weinheim: Juventa.

Brewer, John/Hunter, Albert (1989): Multimethod Research – A Synthesis of Styles. Newbury Park: Sage.

Bruner, Jerome (1990): Acts of Meaning. Cambridge, Ma.: Harvard University Press.

Bruner, Jerome (2002): Making Stories. Law, Literature, Life. Cambridge, Ma.: Harvard University Press.

Bryman, Alan (1988): Quantity and Quality in Social Research. London: Unwin Hyman.

Bryman, Alan (1992): Quantitative and Qualitative Research: Further Reflections on their Integration. In: Julia Brannen (ed.): Mixing Methods: Quantitative and Qualitative Research. Aldershot: Avebury, S. 57-80.

Bryman, Alan (2006): Integrating Quantitative and Qualitative Research: How is it Done? *Qualitative Research*, 6, 97–113.

Bryman, Alan (2008): Social Research Methods (3. Aufl.). Oxford: Oxford University Press.

Campbell, Donald T./Fiske, Donald W. (1959): Convergent and Discriminant Validation by the Multitrait-Multimethod Matrix. *Psychological Bulletin*, 56, 81-105.

Clark, David (1951): Plane and Geodetic Surveying for Engineers, Vol. 2. London: Constable.

Creswell, John W. (1994): Research Design. Qualitative and Quantitative Approaches. Thousand Oaks: Sage.

Creswell, John W. (2003): Research design – qualitative, quantitative, and mixed methods approaches. Thousand Oaks: Sage.

Creswell, John W. (2009): Editorial: Mapping the Field of Mixed Methods Research. *Journal of Mixed Methods Research*, 3, 95-108.

Creswell, John W./Plano Clark/Vicki L. Gutman/Michelle L./Hanson William E. (2003): Advanced Mixed Methods Research Design. In: Abbas Tashakkori/Charles Teddlie (eds.): Handbook of Mixed Methods in Social & Behavioral Research. Thousand Oaks: Sage, S. 209-240.

Dausien, Bettina/Kelle, Helga (2003): Zur Verbindung von ethnographischen und biographischen Forschungsperspektiven. In: Jutta Allmendinger (Hrsg.): Enstaatlichung und soziale Sicherheit, CD-Supplement. Opladen: Leske + Budrich.

Deegan, Mary Jo (2001): The Chicago School of Ethnography. In Paul Atkinson/Amanda Coffey/Sara Delamont/John Lofland/Lynn Lofland (eds.): Handbook of Ethnography. London: Sage, S. 11-25.

Denzin, Norman K. (1970): The Research Act. Chicago: Aldine.

Denzin, Norman K. (1989): The Research Act (3. Aufl.): Englewood Cliffs, N. J.: Prentice Hall.

Denzin, Norman K. (2008): Symbolischer Interaktionismus. In: Uwe Flick/Ernst v. Kardorff/Ines Steinke (Hrsg.): Qualitative Forschung – Ein Handbuch (6. durchgesehene und aktualisierte Auflage). Reinbek: Rowohlt, S. 136-150.

Denzin, Norman K./Lincoln, Yvonna S. (1994): Introduction: Entering the Field of Qualitative Research. In: Denzin, Norman K./Lincoln, Yvonna S. (eds.): Handbook of Qualitative Research, London, Thousand Oaks, New Delhi: Sage. S. 1-17.

Dierks, Marie Louise/Bitzer, Eva M. (1998): Die Patientenperspektive im Qualitätsmanagement – Focus-group-discussions als qualitatives Erhebungsinstrument. In: Thomas Ruprecht (Hrsg.): Experten fragen – Patienten antworten. Patientenzentrierte Qualitätsbewertung von Gesundheitsdienstleistungen – Konzepte, Methoden, praktische Beispiele. Sankt Augustin: Asgard, S. 69-77.

Ecarius, Jutta/Miethe, Ingrid (Hrsg.) (2011): Methodentriangulation in der qualitativen Bildungsforschung. Opladen: Barbara Budrich.

Elliot Richard/Fischer Constance T./Rennie David L. (1999): Evolving guidelines for publication of qualitative research studies in psychology and related fields. *British Journal of Clinical Psychology*, 38, S. 215-229.

Engel, Uwe/Wuggenig, Ulf (1995): Statistische Auswertungsverfahren nominalskalierter Daten. In: Uwe Flick/Ernst v. Kardorff/Heiner Keupp/Lutz v. Rosenstiel/Stephan Wolff (Hrsg.): Handbuch Qualitative Sozialforschung (2. Aufl.). München: Psychologie Verlags Union, S. 237-242.

Engler, Stefanie (1997): Zur Kombination von qualitativen und quantitativen Methoden. In: Barbara Friebertshäuser/Annedore Prengel (Hrsg.): Handbuch Qualitative Forschungsmethoden in der Erziehungswissenschaft. Weinheim: Juventa, S. 118-130.

Erzberger, Christian (1998): Zahlen und Wörter. Die Verbindung quantitativer und qualitativer Daten und Methoden im Forschungsprozeß. Weinheim: Deutscher Studien Verlag.

Fabel, Melanie/Tiefel, Sandra (2003): Methoden-Triangulation von offenen und teilstandardisierten Interviews: Zwei Beispiele aus der Forschungspraxis. *Zeitschrift für qualitative Bildungs- Beratungs- und Sozialforschung*, 1/2003, S. 143-162.

Fielding, Nigel G./Fielding, Jane L. (1986): Linking Data. Beverly Hills: Sage.

Fielding, Nigel G./Lee, Raymond M. (1998): Computer Analysis and Qualitative Research. London: Sage.

Fischer-Rosenthal, Wolfram (1995): William I. Thomas/Florian Zaniecki: „The Polish Peasant in Europe and America". In: Uwe Flick/Ernst v. Kardorff/Heiner Keupp/Lutz v. Rosenstiel/Stephan Wolff (Hrsg.): Handbuch Qualitative Sozialforschung (2. Aufl.). München: Psychologie Verlags Union, S. 115-118.

Fleck, Christian (2004): Marie Jahoda. In: Uwe Flick/Ernst v. Kardorff/Ines Steinke (eds.): A Companion to Qualitative Research. London: Sage, S. 58-62.

Flick, Uwe (1989): Vertrauen, Verwalten, Einweisen. Subjektive Vertrauenstheorien in sozialpsychiatrischer Beratung. Opladen: Deutscher Universitätsverlag.

Flick, Uwe (1992a): Entzauberung der Intuition. Triangulation von Methoden und Datenquellen als Strategie der Geltungsbegründung und Absicherung von Interpretationen. In: Jürgen Hoffmeyer-Zlotnik (Hrsg.): Analyse qualitativer Daten, Opladen: Westdeutscher Verlag, S. 11-55.

Flick, Uwe (1992b): Triangulation Revisited – Strategy of or Alternative to Validation of Qualitative Data. *Journal for the Theory of Social Behavior*, 22, S.175-197.

Flick, Uwe (Hrsg.) (1995): Psychologie des Sozialen – Repräsentationen in Wissen und Sprache. Reinbek: Rowohlt.

Flick, Uwe (1996): Psychologie des technisierten Alltags – Soziale Konstruktion und Repräsentation technischen Wandels in verschiedenen kulturellen Kontexten. Opladen: Westdeutscher Verlag.

Flick, Uwe (1998): Triangulation – Geltungsbegründung oder Erkenntniszuwachs. *Zeitschrift für Soziologie der Erziehung und Sozialisation*, 18, S. 443-447.

Flick, Uwe (2000): Episodic Interviewing. In: Martin Bauer/George Gaskell (eds.): Qualitative researching with text, image and sound – a handbook. London, Sage. S 75-92.

Flick, Uwe (2001): Geltung und Verallgemeinerung in den Sozialwissenschaften. In: Theo Hug (Hrsg.): Wie kommt die Wissenschaft zu ihrem Wissen, Bd. 3, Einführung in die Methodologie der Sozial- und Kulturwissenschaften. Baltmannsweiler: Schneider Verlag Hohengehren, S. 103-120.

Flick, Uwe (2003): Qualitative Forschung – Stand der Dinge. In: Barbara Orth/Thomas Schwietring/ Johannes Weiß (Hrsg.): Soziologische Forschung. Stand und Perspektiven. Opladen: Leske + Budrich, S. 309-322.

Flick, Uwe (2005): Standards, Kriterien, Strategien – Zur Diskussion über Qualität qualitativer Sozialforschung. *Zeitschrift für qualitative Bildungs-, Beratung und Sozialforschung*. 6/2, S. 191-210.

Flick, Uwe (2007): Qualitative Sozialforschung – Eine Einführung (erw. und akt. Neuausg.). Reinbek: Rowohlt.

Flick, Uwe (2008a): Design und Prozeß qualitativer Forschung. In: Uwe Flick/Ernst v. Kardorff/Ines Steinke (Hrsg.): Qualitative Forschung – Ein Handbuch (6. durchgesehene und aktualisierte Auflage). Reinbek: Rowohlt, S. 252-265.

Flick, Uwe (2008b): Managing the Quality of Qualitative Research. London: Sage.

Flick, Uwe (2008c): Designing Qualitative Research. London: Sage.

Flick, Uwe (2009): Sozialforschung - Methoden und Anwendungen: Ein Überblick für die BA-Studiengänge. Reinbek: Rowohlt (rowohlts enzyklopädie).

Flick, Uwe (2011a): Zum Stand der Diskussion – Aktualität, Ansätze und Umsetzungen der Triangulation. In: Jutta Ecarius/I. Miethe (Hrsg.): Methodentriangulation in der qualitativen Bildungsforschung. Opladen: Verlag Barbara Budrich.

Flick, Uwe (2011b): Introducing Research Methodology – A Beginners' Guide to Doing A Research Project. London: Sage

Flick, Uwe/Garms-Homolová, Vjenka/Röhnsch, Gundula (2010): "When they sleep, they sleep" – daytime activities and sleep disorders in nursing homes". *Journal of Health Psychology*, 15 (5), S. 755-764.

Flick, Uwe/Hoose, Beate/Sitta, Petra (1998): Gesundheit und Krankheit gleich Saúde & Doenca? Gesundheitsvorstellungen bei Frauen in Deutschland und Portugal. In: Uwe Flick (Hrsg.): Wann fühlen wir uns gesund? – Subjektive Vorstellungen von Gesundheit und Krankheit. Weinheim: Juventa, S. 141-159.

Flick Uwe/Röhnsch Gundula (2006): „Ich vertrau' der anderen Person eigentlich..." – Armut und Obdachlosigkeit als Kontexte sexuellen Risiko- und Schutzverhaltens von Jugendlichen. *Zeitschrift für die Soziologie der Erziehung und Sozialisation*, 26 (2), S. 171-187.

Flick Uwe/Röhnsch Gundula (2008): Gesundheit und Krankheit auf der Straße – Vorstellungen und Erfahrungsweisen obdachloser Jugendlicher. Weinheim: Juventa.

Flick, Uwe/Walter, Ulla/Fischer, Claudia/Neuber, Anke/Schwartz, Friedrich-Wilhelm (2004): Gesundheit als Leitidee? – Gesundheitsvorstellungen von Ärzten und Pflegekräften. Bern: Huber.

Friebertshäuser, Barbara. (1997): Feldforschung und Teilnehmende Beobachtung – ein Überblick. In Barbara Friebertshäuser/Annedore Prengel (Hrsg.): Handbuch Qualitative Forschungsmethoden in der Erziehungswissenschaft. Weinheim, München: Juventa, S. 503-534

Garms-Homolová, Vjenka/Flick, Uwe/Röhnsch, Gundula (2010): Sleep disorders and activities in long term care facilities – A downhill dynamics? *Journal of Health Psychology,* 15 (5), S. 744-754.

Gebauer, Gunter/Alkemeyer, Thomas/Boschert, Bernhard/Flick, Uwe/Schmidt, Robert (2004): Treue zum Stil. Bielefeld: Transcript.

Gerhardt, Uta (1986): Patientenkarrieren. Eine medizinsoziologische Studie. Frankfurt a. M.: Suhrkamp.

Gibbs, Graham R. (2008): Analysing Qualitative Data. London: Sage.

Glaser, Barney G./Strauss, Anselm L. (1967): The Discovery of Grounded fheory. Strategies for Qualitative Research. Chicago: Aldine (dt.: Grounded Theory. Strategien qualitativer Forschung. Bern: Huber 1998).

Goffman, Erving (1980): Rahmen-Analyse. Ein Versuch über die Organisation von Alltagserfahrungen. Frankfurt/M.

Goffman, Erving (1989): On Fieldwork. *Journal of Contemporary Ethnography*, 18, S. 123-132.

Greene, Jennifer C. (2008): Is Mixed Methods Social Inquiry a Distinctive Methodology? *Journal of Mixed Methods Research*, 2, 7-22.

Guggenmoos-Holzmann, Irene/Bloomfield, Kim/Brenner, Harvey/Flick, Uwe (eds.) (1995): Quality of Life and Health – Concepts, Methods and Applications. Berlin usw.: Blackwell Science.

Hammersley, Martyn (1996): The Relationship between Qualitative and Quantitative Research: Paradigm Loyalty versus Methodological Eclecticism. In: John T.E. Richardson (ed.): Handbook of Qualitative Research Methods for Psychology and the Social Scienes. Leicester: BPS-Books, S. 159-174.

Hammersley, Martyn/Atkinson, Paul (1983): Ethnography – Principles in Practice. London: Tavistock.

Haupert, Berhardt (1994): Objektiv-hermeneutische Fotoanalyse am Beispiel von Soldatenfotos aus dem Zweiten Weltkrieg. In: Detlef Garz (Hrsg.): Die Welt als Text. Frankfurt: Suhrkamp, S. 281-314.

Heinze, Thomas/Klusemann, Hans-Werner/Soeffner, Hans-Georg (Hrsg.) (1980): Interpretationen einer Bildungsgeschichte. Bensheim: päd.-extra-Buchverlag.

Hildenbrand, Bruno (2005): Fallrekonstruktive Familienforschung – Anleitungen für die Praxis (2. Aufl.). Wiesbaden: VS-Verlag Verlag für Sozialwissenschaften.

Hirschauer, Stefan (2001): Rezension zu Flick/Kardorff/Steinke (Hrsg.) (2000), Qualitative Forschung – ein Handbuch. *Kölner Zeitschrift für Soziologie und Sozialpsychologie*, 53, S. 809-811.

Hirschauer, Stefan/Amann, Klaus (Hrsg.) (1997): Die Befremdung der eigenen Kultur. Zur ethnographischen Herausforderung soziologischer Empirie. Frankfurt: Suhrkamp.

Hitzler, Ronald/Honer, Anne (1995): Qualitative Verfahren zur Lebensweltanalyse. In: Uwe Flick/Ernst v. Kardorff/Heiner Keupp/Lutz v. Rosenstiel/Stephan Wolff (Hrsg.): Handbuch Qualitative Sozialforschung (2. Aufl.). München: Psychologie Verlags Union, S. 382-384.

Hopf, Christel (1982): Norm und Interpretation. *Zeitschrift für Soziologie*, 11, S. 309-327.

Hurrelmann, Klaus/Albert, Mathias (Hrsg.) (2002): Jugend 2002 – 14. Shell Jugendstudie. Frankfurt/M.: Fischer.

Jahoda, M. (1995): Jahoda, M., Lazarsfeld, P. & Zeisel, H. (1933): Die Arbeitslosen von Marienthal In: Uwe Flick/Ernst v. Kardorff/Heiner Keupp/Lutz v. Rosenstiel/Stephan Wolff (Hrsg.): Handbuch Qualitative Sozialforschung (2. Aufl.). München: Psychologie Verlags Union, S. 119-122.

Jahoda, Marie/Lazarsfeld, Paul/Zeisel, Hans (1933): Die Arbeitslosen von Marienthal. Leipzig: Hirzel. (Frankfurt a. M.: Suhrkamp, 1980).

Jessor, Richard/Colby, Ann/Shweder, Richard A. (eds.) (1996): Ethnography and Human Development. Chicago: Chicago University Press.

Jick, Thomas (1983): Mixing Qualitative and Quantitative Methods: Triangulation in Action. In: John van Maanen (ed.): Qualitative Methodology. London, Thousand Oaks, New Dehli: Sage, S. 135-148.

Johnson, Burke/Hunter, Lisa A. (2003): Data Collection Strategies in Mixed Methods Resarch. In: Abbas Tashakkori/Charles Teddlie (eds.): Handbook of Mixed Methods in Social & Behavioral Research. Thousand Oaks: Sage, S. 297-320.

Kelle, Helga (2001): Ethnographische Methoden und Probleme der Triangulation – Am Beispiel der Peer Culture Forschung bei Kindern. *Zeitschrift für Soziologie der Erziehung und Sozialisation*, 21, S. 192-208.

Kelle, Udo (ed.) (1995): Computer-Aided Qualitative Data Analysis. Theory, Methods and Practice. London, Thousand Oaks, New Dehli: Sage.

Kelle, Udo (2007): Die Integration qualitativer und quantitativer Methoden in der empirischen Sozialforschung – Theoretische Grundlagen und methodologische Konzepte. Wiesbaden: VS-Verlag Verlag für Sozialwissenschaften.

Kelle, Udo (2008): Computerunterstützte Analyse qualitativer Daten. In: Uwe Flick/Ernst v. Kardorff/Ines Steinke (Hrsg.): Qualitative Forschung – Ein Handbuch (6. durchgesehene und aktualisierte Auflage). Reinbek: Rowohlt, S. 485-502.

Kelle, Udo/Erzberger, Christian (2003): Making Inferences in Mixed Methods: The Rules of Integration. In: Abbas Tashakkori/Charles Teddlie (eds.): Handbook of Mixed Methods in Social & Behavioral Research. Thousand Oaks: Sage, S. 457-488.

Kelle, Udo/Erzberger, Chrisian (2008): Quantitative und Qualitative Methoden – kein Gegensatz. In: Uwe Flick/Ernst v. Kardorff/Ines Steinke (Hrsg.): Qualitative Forschung – Ein Handbuch (6. durchgesehene und aktualisierte Auflage). Reinbek: Rowohlt, S. 299-309.

Kelle, Udo/Kluge, Susann (2001): Einleitung. In: Susann Kluge/Udo Kelle (Hrsg.): Methodeninnovation in der Lebenslaufforschung. Integration qualitativer und quantitativer Verfahren in der Lebenslauf- und Biographieforschung. Weinheim, München: Juventa, S. 11-36.

Kleining, Gerhard (1982): Umriß zu einer Methodologie qualitativer Sozialforschung. *Kölner Zeitschrift für Soziologie und Sozialpsychologie*, 34, S. 224-253.

Kluge, Susann/Kelle, Udo (Hrsg.) (2001): Methodeninnovation in der Lebenslaufforschung. Integration qualitativer und quantitativer Verfahren in der Lebenslauf- und Biographieforschung. Weinheim, München: Juventa.

Kluge, Susann (2001): Strategien zur Integration qualitativer und quantitativer Erhebungs- und Auswertungsverfahren. Ein methodischer und methodologischer Bericht aus dem Sonderforschungsbereich 186 „Statuspassagen und Risikolagen im Lebensverlauf". In: Susann Kluge/Udo Kelle (Hrsg.): Methodeninnovation in der Lebenslaufforschung. Integration qualitativer und quantitativer Verfahren in der Lebenslauf- und Biographieforschung. Weinheim, München: Juventa, S. 37-88.

Knobloch, Hubert (2008): Zukunft und Perspektiven Qualitativer Forschung. In: Uwe Flick/Ernst v. Kardorff/Ines Steinke (Hrsg.): Qualitative Forschung – Ein Handbuch (6. durchgesehene und aktualisierte Auflage). Reinbek: Rowohlt, S. 623-632.

Köckeis-Stangl, Eva (1982): Methoden der Sozialisationsforschung. In: Klaus Hurrelmann/Dieter Ulich (Hrsg.): Handbuch der Sozialisationsforschung. Weinheim: Beltz, S. 321-370.

Kuckartz, Udo (1995): Case-oriented Quantification. In: Udo Kelle (ed.): Computer-Aided Qualitative Data Analysis. London, Thousand Oaks, New Delhi: Sage, S. 158-166.

Lamnek, Siegfried (1988): Qualitative Sozialforschung (Bd. 1): Methodologie. München: Psychologie Verlags Union.

Lamnek, Siegfried (2000): Sozialforschung in Theorie und Praxis. Zum Verhältnis von qualitativer und quantitativer Forschung. In: Wolfgang Clemens/Jörg Strübing (Hrsg.): Empirische Sozialforschung und gesellschaftliche Praxis. – Bedingungen und Formen angewandter Forschung in den Sozialwissenschaften. Opladen: Leske + Budrich, S. 23-46.

Lazarsfeld, Paul F. (1960): Vorspruch zur neuen Auflage 1960. In: Marie Jahoda/Paul Lazarsfeld/Hans Zeisel: Die Arbeitslosen von Marienthal. Frankfurt a. M.: Suhrkamp, S. 11-23.

Lincoln, Yvonna S (2000): Norman K. Denzin – Ein Leben in Bewegung. In: Uwe Flick/Ernst v. Kardorff/Ines Steinke (Hrsg.): Qualitative Forschung – Ein Handbuch. Reinbek: Rowohlt, S. 96-104.

Lincoln, Yvonna S./Guba, Egon G. (1985): Naturalistic Inquiry. London, Thousand Oaks, New Dehli: Sage.

Lüders, Christian (1995): Von der teilnehmenden Beobachtung zur ethnographischen Beschreibung. In: Erhart König/Peter Zedler (Hrsg.): Bilanz qualitativer Forschung (Bd. 2): Methoden. Weinheim: Deutscher Studien Verlag, S. 311-342.

Lüders, Christian (2008a): Beobachten im Feld und Ethnographie. In: Uwe Flick/Ernst v. Kardorff/ Ines Steinke (Hrsg.): Qualitative Forschung – Ein Handbuch (6. durchgesehene und aktualisierte Auflage). Reinbek: Rowohlt, S. 384-402.

Lüders, Christian (2008b): Herausforderungen qualitativer Forschung. In: Uwe Flick/ Ernst v. Kardorff/Ines Steinke (Hrsg.): Qualitative Forschung – Ein Handbuch (6. durchgesehene und aktualisierte Auflage). Reinbek: Rowohlt, S. 632-643.

Lüders, Christian (2006): Qualitative Daten als Grundlage der Politikberatung. In: Uwe Flick (Hrsg.): Qualitative Evaluationsforschung – Konzepte, Methoden, Umsetzungen. Reinbek: Rowohlt, S. 444-462.

Lüders, Christian/Reichertz, Jo (1986): Wissenschaftliche Praxis ist, wenn alles funktioniert und keiner weiß warum. Bemerkungen zur Entwicklung qualitativer Sozialforschung. *Sozialwissenschaftliche Literaturrundschau*, 12, S. 90-102.

Lunt, Peter/Livingstone, Sonja (1996): Rethinking the Focus Group in Media Research: *Journal of Communication*, 46, S. 79-98.

Mallinson, Sara, (2002): Listening to Respondents: A Qualitative Assessment of the Short-Form 36 Health Status Questionnaire, *Social Science and Medicine,* 54, S. 11-21.

Marotzki, Winfried (1998): Ethnographische Verfahren in der Erziehungswissenschaftlichen Biographie Forschung. In: Gerd Jüttemann/Hans Thomae (Hrsg.): Biographische Methoden in den Humanwissenschaften. Weinheim: Beltz, S. 44-59.

Merton, Robert K./Kendall, Patricia L. (1979): Das fokussierte Interview. In: Christel Hopf/Elmar Weingarten (Hrsg.): Qualitative Sozialforschung, Stuttgart: Klett-Cotta, S. 171-204.

Miles, Matthew B./Huberman, A. Michael (1994): Qualitative Data Analysis: A Sourcebook of New Methods (2. Aufl.): Newbury Park: Sage.

Mishler, Elliot. G. (1986): Research Interviewing. Context and Narrative. Cambridge, Ma.: Harvard University Press.

Morgan, D. L. (1988): Focus Groups as Qualitative Research. Newbury Park, London, New Delhi: Sage.

Morgan, D. (1998): Practical Strategies for combining qualitative and quantitative methods: Application to health research. *Qualitative Health Research*, 8, S. 362-376.

Morse, Janice M. (1994): Designing Funded Qualitative Research. In: Norman K. Denzin/Yvonna S. Lincoln (eds.): Handbook of Qualitative Research, Thousand Oaks, London, New Dehli: Sage, S. 220-235.

Morse, Janice M. (2003): Prinicipies of Mixed Methods and Multimethod Designs. In: Abbas Tashakkori/Charles Teddlie (eds.): Handbook of Mixed Methods in Social & Behavioral Research. Thousand Oaks: Sage, S. 189-208.

Mühlfeld, Claus/Windolf, Paul/Lampert, Norbert/Krüger, Heidi (1981): Auswertungsprobleme offener Interviews. *Soziale Welt*, 32, S. 325-352.

Neisser, Ulrich (1981): John Dean's Memory: A Case Study. *Cognition,* 9, S. 1-22.

Neuber Anke/Fischer, Claudia/Flick, Uwe/Schwartz, Friedrich-Wilhelm/Walter, Ulla (2005): Prävention und Alter – (k)ein Thema in der ärztlichen Aus-, Fort- und Weiterbildung? Analyse der gegenwärtigen und zukünftigen Situation. *Zeitschrift für ärztliche Fortbildung und Qualitätssicherung*, 99 (7), S. 425-429

Neumann-Braun, Klaus/Deppermann, Arnulf (1998): Ethnographie der Kommunikationskulturen Jugendlicher. Zur Gegenstandskonzeption und Methodik der Untersuchung von Peer Groups. *Zeitschrift für Soziologie*, 27, S. 239-255.

Oevermann, Ulrich/Allert, Tilmann/Konau, Elisabeth/Krambeck, Jürgen (1979): Die Methodologie einer „objektiven Hermeneutik" und ihre allgemeine forschungslogische Bedeutung in den Sozialwissenschaften. In: Hans-Georg Soeffner (Hrsg.): Interpretative Verfahren in den Sozial- und Textwissenschaften. Stuttgart: Metzler, S. 352-433.

Patton, Michael Q. (1980): Qualitative Evaluation and Research Methods. (3. Aufl. 2002). London, Thousand Oaks, New Dehli: Sage.

Picot, Sibylle/Willert, Michaela (2002): Politik per Klick? Internet und Engagement Jugendlicher – 20 Porträts. In: Klaus Hurrelmann/Mathias Albert (Hrsg.): Jugend 2002 – 14. Shell Jugendstudie. Frankfurt/M.: Fischer, S. 221-268.

Polkinghorne, Donald (1988): Narrative Knowing and the Human Sciences. Albany: SUNY.

Rehberg, Karl-Siegbert (2003): Zu aktuellen Fragen der Studienreform und Lehrgestalt der Soziologie. In: Barbara Orth/Thomas Schwietring/Johannes Weiß (Hrsg.): Soziologische Forschung. Stand und Perspektiven, VS-Verlag, S. 17-26.

Reicher, Steve (2000): Against Methodolatry: Some Comments on Elliot, Fischer, and Rennie. *British Journal of Clinical Psychology*, 39, S. 11-26.

Robinson, John A./Hawpe, Linda (1986): Narrative Thinking as a Heuristic Process. In: Theodore R. Sarbin (ed.): Narrative Psychology – The Storied Nature of Human Conduct. New York: Praeger, S. 111-184.

Roller, Edeltraut/Mathes, Rainer/Eckert, Thomas (1995): Hermeneutic-Classificatory Content Analysis. In: Udo Kelle (ed.): Computer-Aided Qualitative Data Analysis. London, Thousand Oaks, New Delhi: Sage, S. 167-176.

Rudinger, Georg/Chaselon, Friedrich/Zimmermann, Josef/Henning, Hans-J. (1985): Qualitative Daten. München: Urban & Schwarzenberg.

Sandelowski, Margarete (2003): Tables or Tableaux? The Challenges of Writing and Reading Mixed Methods Studies. In: Abbas Tashakkori/Charles Teddlie (eds.) Handbook of Mixed Methods in Social & Behavioral Research. Thousand Oaks: Sage, S. 321-350.

Scheele, Brigitte/Groeben, Norbert (1988): Dialog-Konsens-Methoden zur Rekonstruktion Subjektiver Theorien. Tübingen: Francke.

Schnotz, Wolfgang (1994): Rekonstruktion von individuellen Wissensstrukturen. In: Günter L. Huber/Heinz Mandl (Hrsg.): Verbale Daten. Eine Einführung in die Grundlagen und Methoden in der Erhebung und Auswertung (2. Aufl.). Weinheim: Beltz, S. 220-239.

Schönberger, Christine/Kardorff, Ernst v. (2004): Mit dem kranken Partner leben. Opladen: Leske + Budrich.

Schöppe, Stefanie/Neuber, Anke/Schwartz Friedrich-Wilhelm/Fischer, Claudia/Flick, Uwe/Walter Ulla (2003): Vorstellungen von Gesundheit in Fachzeitschriften. *Public Health Forum*, 38, S. 19-20.

Schütze, Fritz (1977): Die Technik des narrativen Interviews in Interaktionsfeldstudien – dargestellt an einem Projekt zur Erforschung von kommunalen Machtstrukturen. Bielefeld: Universität Bielefeld, Fakultät für Soziologie (vervielf. Manuskr.).

Schütze, Fritz (1983): Biographieforschung und narratives Interview. *Neue Praxis*, 3, S. 283-293.

Schütze, Fritz (1994): Ethnographie und sozialwissenschaftliche Methoden der Feldforschung. In: Norbert Groddeck/Michael Schumann (Hrsg.): Modernisierung Sozialer Arbeit durch Methodenentwicklung und -reflexion. Freiburg: Lambertus, S. 189-288.

Seipel, Christian/Rieker, Peter (2003): Integrative Sozialforschung. Weinheim: Juventa.

Silverman, David (1985): Qualitative Methodology and Sociology. Aldershot: Gower.

Smith, Herman W. (1975): Strategies for Social research. Englewood Cliffs: Prentice Halls.

Soeffner, Hans Georg (1995): Die Ordnung der Rituale. Frankfurt: Suhrkamp.

Soeffner, Hans Georg (Hrsg.) (1988): Kultur und Alltag. (Soziale Welt, Sonderband 6). Göttingen: Schwartz.

Spradley, James P. (1979): The Ethnographic Interview. New York: Holt, Rinehart/Winston.

Spradley, James P. (1980): Participant Observation. New York: Rinehart/Winston.

Steinke, Ines (1999): Kriterien qualitativer Forschung. Ansätze zur Bewertung qualitativ-empirischer Sozialforschung. Weinheim, München: Juventa.

Strauss, Anselm L. (1991): Grundlagen qualitativer Sozialforschung – Datenanalyse und Theoriebildung in der empirischen soziologischen Forschung. München: Fink.

Strauss, Anselm L./Schatzmann, Leonard/Bucher, Rose/Ehrlich, Danuta/Sabshin, Melvin (1964): Psychiatric Ideologies and Institutions. New York: Free Press of Glencoe.

Strube, Gerhard (1989): Episodisches Wissen. Arbeitspapiere der GMD (385), S. 10-26.

Tashakkori, Abbas/Teddlie, Charles (eds.) (2010a): Handbook of Mixed Methods in Social & Behavioral Research. Thousand Oaks: Sage.

Tashakkori, Abbas/Teddlie, Charles (2003b): Major Issues and Controversies in the Use of Mixed Methods in Social and Behavioral Research. In: Abbas Tashakkori/Charles Teddlie (eds.): Handbook of Mixed Methods in Social & Behavioral Research. Thousand Oaks: Sage, S. 3-50.

Tashakkori, Abbas/Teddlie, Charles (2003c): The Past and Future of Mixed Methods Research: From Data Triangulation to Mixed Model Designs. In: Abbas Tashakkori/Charles Teddlie (eds.): Handbook of Mixed Methods in Social & Behavioral Research. Thousand Oaks: Sage, S. 671-700.

Teddlie, Charles/Tashakkori, Abbas (2006): A General Typology of Research Designs Featuring Mixed Methods. *Research in the Schools*, 13, (1,) S. 12-28.

Thomas, William I. (1923): Situation analysis: the Behavior Pattern and the Situation.

Thomas, William I./Znaniecki, Florian (1918): The Polish Peasant. Vol. 1 & 2. Chicago: University of Chicago Press.

Tulving, Endel (1972): Episodic and Semantic Memory. In: Endel Tulving/Wayne Donaldson (eds.): Organization of Memory. New York: Academic Press, S. 381-403.

Walter, Ulla/Flick, Uwe/Fischer, Claudia/Neuber, Anke/Schwartz, Friedrich-Wilhelm (2006): Alter und gesund? - Subjektive Vorstellungen von Ärzten und Pflegekräften, Wiesbaden: VS-Verlag für Sozialwissenschaften.

Webb, Eugene/Campbell, Donald/Schwartz, Richard/Sechrest, Lee (1966): Unobtrusive Measures: Nonreactive Research in the Social Sciences. Chicago: Rand McNally.

Weitzman, Eben A. (2000): Software and Qualitative Research. In: Norman K. Denzin/Yvonna S. Lincoln (eds.): Handbook of Qualitative Research (2. Aufl.). London, Thousand Oaks, New Dehli: Sage, S. 803-820.

Westie, Frank R. (1957): Towards Closer Relations between Theory and Research: A Procedure and an Example. *American Sociological Review*, 22, S. 149-154.

Wilson, Thomas P. (1982): Quantitative „oder" qualitative Methoden in der Sozialforschung. *Kölner Zeitschrift für Soziologie und Sozialpsychologie*, 34, S. 469-486.

Witzel, Andreas (1982): Verfahren der qualitativen Sozialforschung – Überblick und Alternativen. Frankfurt: Campus.

Wolff, Stephan (1986): Das Gespräch als Handlungsinstrument. Konversationsanalytische Aspekte sozialer Arbeit. *Kölner Zeitschrift für Soziologie und Sozialpsychologie*, 38, S. 55-84.

Wolff, Stephan (1995): Gregory Bateson, Margaret Mead: „Balinese Character" (1942) – Qualitative Forschung als disziplinierte Subjektivität. In: Uwe Flick/Ernst v. Kardorff/Heiner Keupp/Lutz v. Rosenstiel/Stephan Wolff (Hrsg.): Handbuch Qualitative Sozialforschung (2. Aufl.). München: Psychologie Verlags Union, S. 135-141.

Wolff, Stephan (2008): Wege ins Feld und ihre Varianten. In: Uwe Flick/Ernst v. Kardorff/Ines Steinke (Hrsg.): Qualitative Forschung – Ein Handbuch (6. durchgesehene und aktualisierte Auflage). Reinbek: Rowohlt, S. 334-349.

Verzeichnis der Abbildungen, Tabellen und Kästen

Abbildungen

Tabellen

Kästen

Namensregister

Sachregister